Adrian Arnold

Deutschland
Der ängstliche Riese

Adrian Arnold
mit Carsten Tergast

Deutschland
Der ängstliche Riese

Merkel und die verunsicherte Republik

orell füssli Verlag

Umschlaggestaltung:
Hauptmann & Kompanie Werbeagentur, Zürich, unter Verwendung eines Fotos von © ddp images/dapd/Clemens Bilan
Druck und Bindung: CPI books GmbH, Leck

ISBN 978-3-280-05657-8

Die Deutsche Nationalbibliothek verzeichnet diese Publikation in der Deutschen Nationalbibliografie; detaillierte bibliografische Daten sind im Internet unter www.dnb.de abrufbar.

FSC
www.fsc.org
MIX
Papier aus verantwortungsvollen Quellen
FSC® C083411

Inhalt

Sie will es noch mal schaffen

Es ist der 20. November 2016, ein für die Jahreszeit viel zu warmer Tag, auch jetzt, am frühen Abend zeigt das Thermometer noch eine zweistellige Temperatur an. Obwohl die Adventszeit unmittelbar vor der Tür steht, mag noch so gar keine weihnachtliche Stimmung aufkommen. Heiligabend ist erst in gut fünf Wochen und doch fühlt sich die Stimmung um mich herum an diesem Abend durchaus schon an wie bei der Bescherung.

Ich stehe im Pulk der Berichterstatter unzähliger Sender, Print- und Onlinemedien, wir alle haben uns im Konrad-Adenauer-Haus, der Parteizentrale der CDU in Berlin, eingefunden, um dieser Bescherung beizuwohnen und über sie zu berichten. Doch nicht nur wir Journalisten sind da. Rund um den Innenhof des Atriums, auf den oberen Etagen, steht ein großer Teil der Führungsriege der CDU und wartet genauso gespannt wie alle anderen. Verteidigungsministerin Ursula von der Leyen sehe ich, die stellvertretende Parteivorsitzende Julia Klöckner, auch Innenminister Thomas de Maizière, Kulturministerin Monika Grütters und Fraktionschef Volker Kauder.

Sie alle, wir alle, wir schauen nach vorne auf die Bühne. Dort ist eine schlichte Stellwand aus Holz aufgebaut, die mittlerweile vom Scheinwerferlicht angestrahlt wird. Genauer gesagt: Ein bestimmter Punkt auf der Stellwand hat die Aufmerksamkeit des Beleuchters. »Die Mitte« steht dort, nicht

»CDU«. »Die Mitte«, ein weißer Schriftzug auf orangefarbenem Grund, die Farbe, die man mittlerweile mit der »schwarzen« CDU in Einklang bringt. Oben links, relativ klein aufgemalt, findet sich dann noch eine zweigeteilte Flagge: die eine Hälfte Schwarz-Rot-Gold, die andere Hälfte Sterne auf blauem Grund. Halb Deutschland, halb Europa.

Orange statt schwarz. Mitte statt rechts. Europa statt Deutschland. Für all das steht nach dem Gefühl vieler Bürger in Deutschland vor allem eine, um die es an diesem lauen Novemberabend geht: Angela Merkel.

Es ist der Abend, an dem wir auf die Beantwortung einer Frage warten, die für das Land von entscheidender Bedeutung ist: Macht sie es noch einmal? Tritt Angela Merkel im September 2017 erneut an, um nach drei Amtszeiten für eine vierte Periode Bundeskanzlerin der Bundesrepublik Deutschland zu werden? 4013 Tage ist sie an diesem 20. November bereits im Amt, 10 Jahre und 363 Tage ist sie die wichtigste Frau in Deutschland und, wie viele Umfragen immer wieder zeigen, wohl eine der wichtigsten Frauen der Welt. Mit einem »Ja, ich mache es« an diesem Abend und einem entsprechenden Wahlergebnis bei der Bundestagswahl würde sie endgültig in die Dimensionen ihres ehemaligen Mentors Helmut Kohl vorstoßen. Sie, die einst »Kohls Mädchen« war, von vielen belächelt, eine unbekannte junge Frau aus dem gerade erst hinzugekommenen, noch so unbekannten Osten des Landes, sie könnte nun selbst »ewige Kanzlerin« werden.

Es wird still im Atrium des Konrad-Adenauer-Hauses. Die Hausherrin betritt die Bühne, alle Augen, alle Kameras, alle Mikrofone sind auf sie gerichtet:

> *»Ich habe unendlich viel darüber nachgedacht. Die Entscheidung für eine vierte Kandidatur für den Kanzlerposten ist nach elf Amtsjahren alles andere als trivial. Weder für das Land noch*

für die Partei – und ich sage es ganz bewusst in dieser Reihenfolge – noch für mich persönlich.«

Nach dieser Einleitung macht sie es kurz, und schnell ist klar: Sie tritt wieder an. Sie will es, um ihren in vielerlei Hinsicht berühmt gewordenen Satz zu zitieren, noch einmal schaffen. Doch: Wird sie es schaffen? Was bedeutet »es« überhaupt? Und wenn sie es schafft, wieder Kanzlerin zu werden, was schafft sie dann, was schafft Deutschland? Das »Schaffen« ist in Deutschland in den letzten Jahren ein wichtiges Wort geworden, und man hat bisweilen das Gefühl, alles in diesem Land bewege sich zwischen zwei Aussagen, die konträrer nicht sein könnten: »Deutschland schafft sich ab«, hatte Thilo Sarrazin vor vier Jahren behauptet, Angela Merkel hingegen erschreckte und begeisterte das Land zugleich mit dem Satz: »Wir schaffen das«.

(Sich) abschaffen oder alles schaffen. Deutschland ist ein Land im Wandel in einem Europa und in einer Welt im Wandel, und dieser stete und sich immer stärker beschleunigende Wandel bringt neben vielen Chancen auch Sorgen und große Aufgaben mit sich, denen sich die deutsche Politik, und an ihrer Spitze die Kanzlerin, stellen muss.

Was sie im Wahlkampf erwartet, ist Merkel an diesem Abend bewusst, und sie formuliert es so:

»Diese Wahl wird schwierig wie keine zuvor. Es wird Anfeindungen geben wie noch nie. Von rechts wie nie zuvor. Es gibt eine starke Polarisierung unserer Gesellschaft. Und es wird Anfeindungen von links geben, mit der Möglichkeit einer rot-rot-grünen Regierung, falls es denn rechnerisch reichen sollte. Und wir haben es auch europäisch und international mit Anfechtungen gegen unsere Werte und gegen unsere Interessen zu tun. Einfach gesagt: gegen unsere Art zu leben.«

Mit diesen kargen Worten umreißt die Kanzlerin in diesem Moment recht exakt das, was die politische und gesellschaftliche Situation in Deutschland in immer größerem Ausmaß bestimmt und im anstehenden Wahlkampf seinen Höhepunkt finden wird. Verantwortungsvolles Regieren, Augenmaß im politischen Entscheidungsprozess – beides scheint immer schwieriger zu werden angesichts populistischer Angriffe von beiden Seiten des politischen Spektrums und angesichts einer sich immer schneller drehenden Nachrichtenspirale, vor der auch wir Journalisten manchmal ratlos stehen. Dazu kommt eine politische Großwetterlage auf internationalem Gebiet, wie sie unübersichtlicher nicht sein könnte. Konnte ein deutscher Bundeskanzler sich früher getrost einem »Block« zurechnen und in Ruhe gegen den anderen Block regieren, so scheint heute immer unsicherer, wo Freund und Feind stehen.

Genau diese Situation ist es, in der sich Deutschland mit Angela Merkel an der Spitze zu Beginn des Wahljahres 2017 wiederfindet. Die Kanzlerin ist Kapitänin auf einem Schiff in schwerem Wellengang. Sowohl innen- als auch außenpolitisch muss sie versuchen, einen Schlingerkurs zu verhindern und jenen inneren Kompass zu finden, der sie die Richtung halten lässt.

Dabei stehen innen- und außenpolitisches Handeln der deutschen Regierung in einem Abhängigkeitsprozess. Je schwerer die Machtverhältnisse und die Angriffe der politischen Gegner ein Regieren im Inneren machen, desto komplizierter wird es auch, Deutschland außenpolitisch in jene Führungsrolle zu bringen, für die es prädestiniert ist. Und je zögerlicher sich das größte europäische Land in seinen außenpolitischen Bemühungen zeigt, desto lauter werden auch im Inneren die Vorwürfe, die gewählte Regierung mache ihre Arbeit nicht vernünftig.

Dieses Buch hat beide Politikbereiche im Blick. Es geht von genau diesem Abhängigkeitsprozess aus und wirft dabei aus der Perspektive des außenstehenden Beobachters und Analytikers jene Fragen auf, die sich deutsche Journalisten vielleicht zu selten stellen: Muss nicht Deutschland jenes Land sein, das mutig seine Führungsrolle in Europa annimmt und aus dieser Führungsrolle heraus Europa in eine Stabilität bringt, die letztlich als Anker im weltpolitischen Kräftespiel dient? Darf man in Deutschland über diese Führungsrolle nachdenken, ohne sofort neue Großmannssucht und Bevormundung anderer Staaten zu befürchten? Ich denke, man darf nicht nur, sondern man muss.

Denn zweifelsohne ist Deutschland ein Riese, ob es will oder nicht. Doch dieser Riese zögert und macht in diesem Zögern auch immer wieder Fehler. Er schaut immer noch auf seine dunkle Vergangenheit wie das Kaninchen auf die Schlange. Der entscheidende Schritt im Kopf fehlt: das Verständnis dafür, dass es gerade diese dunkle Vergangenheit ist, die Deutschland dazu prädestiniert, Verantwortung als Führungsnation in Europa zu übernehmen. Deutschland hat die Macht- und Führungsexzesse seiner Vergangenheit aufgearbeitet und tut dies immer noch. Das war und ist ein immer wieder schmerzhafter Prozess, doch er hat dazu geführt, dass nirgendwo sonst ein so starkes Bewusstsein für die Gefahren eines Missbrauchs von Macht entstanden ist wie hierzulande. Dieses Bewusstsein ist es, das den Riesen aus seiner Lethargie aufwecken und ihn viel stärker als bisher zum Konstrukteur eines freien und demokratischen Europa machen müsste. Was bringen Erkenntnisse aus der Vergangenheit, wenn man sie nicht produktiv für die Zukunft nutzt?

Dabei muss vielleicht vor allem eines verstanden werden, sowohl von den Deutschen als auch von ihren europäischen Nachbarn: Wenn von Führung die Rede ist, meint dieser Begriff einen konstruktiven und auch vollständig demokratischen Prozess. Führen heißt nicht befehlen!

Zu tief sitzt scheinbar immer noch das Bild vom Deutschen in Uniform, der unter Führung versteht, andere Nationen zu unterjochen. Das mutet vor dem Hintergrund all der Bemühungen, die von Deutschland im Hinblick auf die europäische Integration in den vergangenen Jahrzehnten ausgegangen sind, fast schon skurril an.

Nein, Deutschland muss vorangehen bei der Entscheidungsfindung in europäischen Fragen. Es muss die Erfahrungen seiner Geschichte im Einklang mit der wiedergewonnenen Stärke, gerade auf ökonomischen Gebiet, nutzen, um den Kontinent zu einen und gegenüber den sich derzeit neu formierenden Machtblöcken auf der Welt zu positionieren.

Diesen Weg hat vor allem Angela Merkel in den Jahren ihrer Kanzlerschaft beschritten, und es ist eben nicht nur für Deutschland, sondern auch für Europa eine entscheidende Frage, ob sie im Herbst 2017 die Gelegenheit erhält, diesen Weg weiterzugehen. Dagegen stehen diverse innenpolitische Erschütterungen, aber auch das weithin unterschätzte Problem der Positionierung der CDU. War diese über Jahrzehnte hinweg in der alten BRD eine verlässliche Größe, so hat die Politik Angela Merkels hier für eine Verschiebung gesorgt, die immer stärker offenlegt, welche ungeahnten Möglichkeiten, aber auch Gefahren für die Partei und damit auch für die Regierung Merkel damit verbunden sind. Es ist nicht zu viel gesagt, wenn man feststellt, dass auch die innerparteilichen Prozesse der CDU und wesentliche Entscheidungen ihrer Parteivorsitzenden ein Phänomen wie die AfD erst möglich gemacht haben.

Ich spüre das auch an diesem Abend, an dem Angela Merkel ihre erneute Kandidatur ankündigt. Viel mehr als auf ihre Worte achte ich auf das Umfeld. Ich sehe sie klatschen und begeistert auf ihren Smartphones tippen, um die aus ihrer Sicht frohe Botschaft in die Welt hinaus zu twittern und auf Facebook zu posten. Doch wer klatscht da eigentlich? Die Partei? Wohl kaum. Es klatschen die, die im Dunstkreis der Kanzlerin Karriere gemacht haben, die Machtpositionen innehaben und diese behalten oder noch weiter aufsteigen wollen. Dafür brauchen sie Angela Merkel, dafür brauchen sie einen erneuten Wahlsieg der CDU und eine vierte Kanzlerschaft ihrer Vorsitzenden.

Doch während das Establishment und die Führungsschicht in der CDU klatschen und gute Laune verbreiten, sieht es vielfach an der Basis anders aus. Dort gären innerparteiliche Spaltungsprozesse, dort brennen überall kleine Feuer, die im Wahljahr zum Flächenbrand ausarten könnten. Vor allem der konservative Flügel der CDU und weite Teile der CSU verweigern Merkel mehr oder weniger offen die Gefolgschaft. Die vielfältigen Provokationen eines Horst Seehofer sind nur die nach außen hin immer wieder sichtbare Spitze dieser Verweigerungshaltung; begibt man sich als Journalist auf die Ortsebene der Partei, besucht man Parteitage und andere Veranstaltungen ohne den Glamour der Parteiführung, so hört man sie, die Unzufriedenen, diejenigen, deren CDU das nicht mehr länger ist, wenn Merkel so weitermacht.

Von dort ist es dann nur noch ein kleiner Schritt in Richtung AfD. Schaut man sich die Zahlen zur Wählerwanderung bei den letzten zehn Landtagswahlen an, so sind zwei Fakten evident: Die größte »Partei«, von der Wähler zur AfD kommen, ist fast jedes Mal die der Nichtwähler. Dazu kommen hohe Wanderungszahlen von den »anderen Parteien«, was ebenfalls auf die AfD als Sammelbecken der Unzufriedenen hinweist. Da ist also ein erhebliches Aktivierungspotenzial der neuen Partei vorhanden, das diese zuletzt gut zu nutzen wusste. Doch gleich nach den Nichtwählern und den Anderen kommt stets die CDU. Sage und schreibe 190 000 Wähler waren es etwa bei der Landtagswahl in Baden-Württemberg, 50 000 in Rheinland-Pfalz und 38 000 in Sachsen-Anhalt.

Was muss es für ein Schock gewesen sein, als ausgerechnet in Angela Merkels Stammland Mecklenburg-Vorpommern die neue Partei nicht nur ein respektables Ergebnis einfuhr, sondern gleich auch die CDU überholte! Jede Landtagswahl in den vergangenen Monaten hat diesen Effekt aufs Neue bestätigt, selbst im neuen grünen Kernland Baden-Württemberg kam die AfD auf einen Wert von 15,1 Prozent und ließ damit die SPD hinter sich, was dort geraume Zeit für eine Art Schockstarre gesorgt hat.

Auf diese Dinge geht Angela Merkel in ihren Ausführungen an diesem Novemberabend nicht dezidiert ein, doch schwingen sie unüberhörbar mit, wenn sie die Stärke der Union, die Partnerschaft mit der Schwester CSU und die Erfolge der großen Koalition in der aktuellen Legislaturperiode beschwört. Sie will es unbedingt schaffen, und wer ihren Kampfgeist unterschätzt, dürfte sich zu früh freuen.

Angela Merkel will diesen Schritt auch deshalb schaffen, damit sie ihr europäisches Projekt vorantreiben kann. Umso mehr muss es sie schmerzen, dass sie sich im Inneren vor einer Situation sieht, die eine erneute Kanzlerschaft und ihr eigenes Ansehen in der Bevölkerung erheblich gefährdet. Die stabilen politischen Verhältnisse eines Mehrparteiensystems, in dem die Rollen von CDU/CSU, SPD, Grünen und FDP klar definiert waren, sind über die Jahre hinweg schon durch die zeitweisen Erfolge der Linken aufgeweicht worden, die AfD hat sie endgültig sturmreif geschossen. Die Parteienlandschaft ist zersplittert, stabile Mehrheiten sind nur noch durch Koalitionen erreichbar, bei denen unter Umständen mindestens drei Parteien zusammengehen müssen. Der deutsche Wähler geht entweder gar nicht zu Wahl, oder er verteilt seine Gunst so gleichmäßig auf alle zur Wahl stehenden Parteien, dass es am Ende eines Wahlabends überall zu langen Gesichtern kommt.

Diese innenpolitische Instabilität kommt aus europäischer Sicht zur Unzeit. Europa erwartet von Deutschland und namentlich vor allem auch von Angela Merkel in einer Phase der totalen Verunsicherung auf allen Ebenen so viel wie noch nie. Man schaut auf Deutschland und hofft auf den großen Wurf. Merkel und Deutschland sollen Europa stabilisieren, das nach Brexit, Griechenland- und Ukrainekrise sowie einem unter Putin immer unberechenbarer werdenden Russland erheblich ins Schlingern geraten ist. Dieses stabile Europa, so wissen im Grunde alle, ist unbedingt notwendig, um in einer zunehmend instabilen Welt für Klarheit zu sorgen. Es ist auch als Gegengewicht gegen einen Kurs der USA wichtig, den nach dem Wahlerfolg von Donald Trump noch niemand so richtig erahnen kann.

Soll Europa nicht zwischen den alten Blöcken USA und Russland sowie den neu hinzukommenden Blöcken wie Afrika und China aufgerieben werden, so muss aus dem zögernden Riesen Deutschland ein entschlossen handelnder Riese werden. Andernfalls besteht eine Riesengefahr, dass die einstige Friedensunion Europa führungslos an sich selbst und ihrer Unentschlossenheit zugrunde geht.

Vor dieser Aufgabe sieht sich jede deutsche Regierung, egal, welches Ergebnis die Wahl im September bringen wird. Prädestiniert für diese Aufgabe ist jedoch vor allem eine: Angela Merkel. Dieses Wissen wird einer der Hauptgründe gewesen sein, warum sie sich zur erneuten Kandidatur entschlossen hat.

Europa wankt

Bis 1989 war Europa ein verlässliches Konstrukt. Der Ostblock mit dem großen Bruder Sowjetunion auf der einen Seite, der Westen mit dem großen Freund Amerika auf der anderen. Zwischen den beiden Supermächten entwickelte sich ein Europa, das zwar auf der einen Seite in ständiger Angststarre verharrte, angesichts der latenten Gefahr, dass sich einer der beiden Großen ein Stück zu weit vorwagen und damit einen neuen Weltkrieg heraufbeschwören könnte. Auf der anderen Seite – und das sehen wir wohl heute erst mit dem nötigen historischen Abstand – war es auch eine Phase der Stabilität, ausgelöst durch das scheinbare Gleichgewicht der Großmächte und ein wenig auch durch die noch nicht ganz so weit entschwundene Erfahrung des Zweiten Weltkrieges und seiner Schrecken.

1989 und in den Folgejahren jedoch zerbarst dieses Konstrukt. Der Fall der Mauer, das Ende der deutschen Teilung und die Auflösung der Sowjetunion pulverisierten die alten Strukturen und zerstörten damit auch das Gleichgewicht der Kräfte weltweit und vor allem in Europa.

Natürlich war die Sichtweise in diesen Jahren eine andere, vor allem im Westen. Man freute sich über das Ende des Kalten Krieges und darüber, dass der Osten künftig nicht mehr abgehängt, sondern wieder mitten in Europa sein würde und von all den Verheißungen westlicher Lebensqualität profitieren könnte. Reisefreiheit, Demokratie in den bisher kommunistischen und sozialistischen Staaten und natürlich ein riesiger, so gut wie unerschlossener Markt für westliche Waren und Dienstleistungen – dies und vieles mehr war die goldene Perspektive für die Zukunft in den 90ern und darüber hinaus.

Dass vieles davon eher Gedankenkonstrukt denn Realität war, zeigte sich in den Folgejahren sowohl im geeinten Deutschland als auch in den osteuropäischen Staaten. An die Stelle der alten Sorgen und Probleme traten neue. Zeitgleich forcierte die Mitte der 90er langsam beginnende Digitalisierung der Welt das Tempo, in dem Veränderungen auf politischem und gesellschaftlichem Parkett vonstatten gingen. Nachrichten begannen sich immer schneller zu verbreiten, den klassischen Medien, vor allem in Print-Form, kam nach und nach die Hoheit über das, was verbreitet wurde, abhanden. Spätestens mit dem Aufkommen der sozialen Medien entstand eine Situation, wie wir sie heute sehen, in der wir darüber diskutieren, ob es staatlicher Stellen bedarf, um so genannte »Fake-News« zu unterbinden, die scheinbar sogar die politische Stabilität bedrohen können.

Aus heutiger Sicht kann man also zumindest nicht sagen, dass in Europa ein goldenes Zeitalter angebrochen wäre. Die Umbrüche im politischen und im gesellschaftlichen Bereich haben zusammen mit dem unkontrollierbaren Wandel im Bereich der Informationen dafür gesorgt, dass trotz des immer weiter forcierten Zusammenwachsens der EU ein instabiles Gebilde entstanden ist, in dem es an allen Ecken und Enden so laut kracht, dass man sich fragt, wann das Ganze auseinanderbricht.

Schuldenkrise in Griechenland und anderen Ländern, Krieg in der Ukraine, Brexit, starke rechtspopulistische Kräfte in vielen europäischen Ländern und last not least als offenbar ultimative Nagelprobe die Frage des europäischen Umgangs mit der Flüchtlingssituation und ihren Ursachen: In einem

Europa, in dem man sich auf nationalstaatliche Interessen beschränkt, würde man diese Dinge vielleicht von sich schieben und sie den Einzelstaaten überlassen, sobald sie ihr Gebiet treffen. In einem einigen Europa, das die Abhängigkeit der Einzelstaaten voneinander anerkennt und sich bewusst ist, dass es staatenübergreifende Probleme gibt, die sich nur international lösen lassen, jedoch nicht aus nationaler Sicht ignorieren, sondern es braucht europäische Lösungen.

Solche Lösungen indes kann es nur geben, wenn Europa nicht im kleinkarierten Streit miteinander wie ein angeschlagener Boxer vor sich hin torkelt und lediglich dem nächsten Schlag auszuweichen versucht. Solche Lösungen kann es nur geben, wenn man den Kampf offensiv angeht und das Heft des Handelns in die Hand bekommt. Um diesen Zustand zu erreichen, braucht es jedoch Führung. Aktion statt Reaktion. Eine klare Vorstellung davon, was Europa künftig heißen und welchen Status es in der Welt haben soll.

Vor dieser Führungsrolle duckt Deutschland unter Angela Merkel als Kanzlerin sich bisher beständig weg. Diese Haltung gefährdet Europa in immer höherem Maße, erst recht seit der Wahl Donald Trumps zum Präsidenten der USA. Unmittelbar nach dieser in der ganzen Welt mit einer Mischung aus Erstaunen und Erschrecken aufgenommenen Entscheidung der amerikanischen Wähler hat die *New York Times* Angela Merkel als letzte Verteidigerin demokratischer und westlicher Werte bezeichnet: »Germany's chancellor, Angela Merkel, has emerged as the last powerful defender of Europe and the trans-Atlantic alliance after the election of Donald J. Trump.« Ein solcher Hilferuf mitten aus Trump-Land will schon etwas heißen, sind die Amerikaner doch nicht gerade bekannt dafür, den Europäern zu große Bedeutung beizumessen.

Doch auch »drüben« spürt man, wie sich das Kräfteverhältnis weltweit immer weiter verändert und wie sehr das »global village« zusammengewachsen ist, so dass eins vom anderen abhängt. Unter Trumps Führung scheinen die USA für ihre westlichen Verbündeten bis auf Weiteres unberechenbar geworden zu sein. Niemand weiß, wie die außenpolitische Kompassnadel des neuen Präsidenten ausschlagen wird. Zeigt sie, wie bisher, verlässlich Richtung Europa, um das transatlantische Bündnis mit einer starken Nato aufrechtzuerhalten? Oder zittert sie und schlägt orientierungslos mal in die eine, mal in die andere Richtung aus, so wie es Trumps Wahlkampf befürchten ließ?

So hat sich ein bemerkenswerter Wandel im amerikanischen Bewusstsein vollzogen, der in Europa bisher gar nicht so richtig wahrgenommen wird. Die demokratischen Kräfte jenseits der Trump-Administration setzen auf ein Europa unter Deutschlands, unter Merkels straffer Führung, müssen jedoch zusehen, wie man hierzulande im Angesicht dieser Verantwortung blass und blässer wird.

Angela Merkel ließ sich nach dem Wahlsieg Donald Trumps mit den Worten zitieren, Deutschland und die USA seien durch gemeinsame Werte fest miteinander verbunden. Sie nannte etwa die Würde des Menschen, unabhängig von seiner Herkunft, Hautfarbe, Religion, politischen Meinung und sexuellen Orientierung. Die Zusammenarbeit mit den USA könne nur auf diesen gemeinsamen Werten beruhen, mahnte Merkel.

Wiewohl diese Worte zunächst so selbstverständlich und nachvollziehbar klingen, gibt es einen Punkt, der unterschwellig auf das entscheidende Manko im europäischen Bewusstsein hinweist. Ein wie viel stärkeres Zeichen in alle Richtungen wäre es gewesen, wenn Merkel ihre Worte explizit im Namen Europas gesetzt hätte. Die genannten Werte sind immerhin die, die nach dem Willen der Europäer für alle in der Europäischen Union versammelten Staaten gelten sollen. Warum sonst gibt es mit dem Beitritt der Türkei bis heute solch große Probleme. Dort ist man unter Präsident Erdogan derzeit weiter von einer Achtung der Würde aller Menschen entfernt denn je, und aus genau diesem Grund ist auch ein EU-Beitritt der Türken bis auf Weiteres in weite Ferne gerückt.

Warum also ergriff die deutsche Bundeskanzlerin nicht die Gelegenheit und demonstrierte gesamteuropäisches Selbstbewusstsein? Warum signalisierte sie nicht den amerikanischen Freunden, dass Europa als Ganzes ein verlässlicher Partner bleiben werde? Und warum zeigte sie nicht sowohl den Bürgern als auch den politischen Eliten der europäischen Staaten mit einer solchen Geste, dass Deutschland nicht der Ansicht ist, die Probleme alleine bewältigen zu können, sondern auf seine Nachbarn und Freunde setzt?

Hier zeigen sich eine innere Verzagtheit, aber vielleicht auch letzte Zweifel daran, das mittlerweile unübersichtlich gewordene Staatenkonglomerat der Europäischen Union wirklich so steuern zu können, dass man einen festen Machtblock in der Welt repräsentiert. Der Riese Deutschland zögert, weil Angela Merkel zögert. Doch warum zögert Angela Merkel? Um diese Frage zu beantworten, muss man den Blick wieder nach innen richten. Für eine starke Führungsrolle in Europa wäre eine möglichst große Einigkeit im Land selbst ein großer Vorteil. Und genau daran krankt es derzeit am meisten.

Als alles alternativlos war, kam die Alternative – und mit ihr das Chaos. Merkel und die AfD

Im Jahr 2010 wählte die Deutsche Gesellschaft für Sprache ein Wort zum »Unwort des Jahres«, das gleichzeitig die Grundlage aller Politikverdrossenheit recht exakt definierte: »Alternativlos«.

Ständig war in jener Zeit von Alternativlosigkeit in der Politik die Rede, und es war vor allem Merkel, die diesem Begriff zu ungeahntem Höhenflug verhalf. Die Euro-Rettungspolitik sei alternativlos, betonte sie bei jeder sich bietenden Gelegenheit, und auch auf anderen Feldern drängte sich alsbald der Eindruck auf, die Merkel-Regierung habe den innenpolitischen Disput stillschweigend abgeschafft, um endlich durchregieren zu können. Man kannte das vom Altkanzler Schröder bereits in Form der »Basta-Politik«, doch erst Angela Merkel erhob mit dem Diktum der Alternativlosigkeit politische Entscheidungen in die Nähe absolutistischen Denkens. »Basta« erkennt die Alternative an, macht jedoch bewusst, dass irgendwann mal eine Entscheidung getroffen und nach dieser gehandelt werden muss. »Alternativlosigkeit« verneint die Alternative, sie tötet die Debatte und lässt denjenigen, der diese Alternativlosigkeit verneint, als unsouverän erscheinen.

Über die Motivation, die Angela Merkel und in ihrem Fahrwasser auch andere Mitglieder der deutschen Regierung dazu trieb, diesen Begriff in die politische Debatte einzuführen, mag man streiten, Fakt ist gleichwohl, dass einem großen Teil der Bevölkerung diese Art des Abwürgens von notwendigen Debatten übel aufstieß. Anders gesagt: Wo Alternativlosigkeit gepredigt wird, wächst das Verlangen nach Alternativen.

So konnte es nicht verwundern, als sich zunächst 2012 eine Vereinigung unter dem Namen »Wahlalternative 2013« zusammenfand, die nach einigem Hin und Her im Frühjahr 2013 schließlich in der Gründung einer neuen Partei gipfelte. Name, ganz konsequent: »Alternative für Deutschland«, kurz »AfD«.

Seit ihrer Gründung treibt diese Partei das politische Deutschland um, pulverisierte sie doch das uralte Diktum Franz-Josef Strauß', es dürfe rechts von der CDU/CSU keine demokratische politische Kraft geben. Dass die AfD es geschafft hat, diesen Raum dennoch zu besetzen, hat sehr viel mit Angela Merkel und ihrer Neupositionierung der CDU zu tun, es hat aber auch mit der Schwäche der politischen Gegner zu tun. Weder SPD noch Grüne, FDP oder Linke zeigten in den vergangenen Jahren so viel Geschlossenheit und Klarheit in den Aussagen, dass sie sich als echte Alternative zu einer Regierung unter Führung der CDU angeboten hätten.

Was die Große Koalition in Berlin angeht, so konnte man sich von Beginn an des Eindrucks nicht erwehren, dass es sich dabei um ein ungeliebtes Zwangsbündnis handelt, das Nagelproben in echten Belastungssituationen kaum standhalten würde. Der Aufstieg der AfD fällt nicht umsonst auffällig zusammen mit einer immer deutlicher sichtbar werdenden Krise in der GroKo, wie die Koalition aus CDU und SPD landläufig in leicht abschätziger Weise genannt wird. Anders gesagt: Je mehr Alternativlosigkeit gepredigt wurde, während gleichzeitig eher das Fehlen konstruktiver Ideen sichtbar wurde, desto mehr suchten die Wähler nach einer ebensolchen Alternative. Warum also nicht diejenigen wählen, bei denen der Name bereits Programm zu sein scheint?

Dieses »der Name als Programm« dürfte auch deswegen Grund für die Erfolge der AfD sein, weil das eigentliche Parteiprogramm vor diesem Hintergrund eher verblasst. Vielen Wählern und Sympathisanten reicht es zunächst mal, dass sich hier eine Truppe gefunden hat, die sich von den etablierten Kräften abgrenzt und ihnen scheinbar »Feuer unter den Hintern« macht.

Tatsächlich ist die AfD die klassische Protestpartei, mit deren Hilfe der sich machtlos fühlende Bürger »denen da oben« in die Suppe spucken kann.

Wie breit der Graben zwischen dieser gefühlten abgehobenen Polit-Elite und den »In-die-Suppe-Spuckern« ist, erfuhr ich hautnah im Herbst 2016. Ein Hamburger Medienhaus hatte mich angefragt, eine Podiumsdiskussion zu leiten. Titel der Veranstaltung: »Wie umgehen mit der AfD – bekämpfen oder ignorieren?« Offenbar versprach man sich von mir als einem Schweizer Journalisten einen neutraleren Blick und die Fähigkeit, die Debatte mit etwas innerem Abstand zu leiten. Wie sich herausstellen sollte, war dieser Gedanke durchaus angebracht, denn professionellen Abstand zum Geschehen auf und vor der Bühne konnte ich gut gebrauchen.

Die Besetzung des Podiums verhieß von vornherein Spannung, hatte man sich doch u.a. für Ralf Stegner entschieden, den SPD-Vize, der bekannt dafür ist, auch öffentlich kein Blatt vor den Mund zu nehmen und seine Meinung immer überaus deutlich kundzutun. Mit Stegner saßen auf dem Podium: Elmar Brok, CDU-EU-Parlamentarier und seit langen Jahren enger Vertrauter von Angela Merkel, Bernd Baumann, Landesvorsitzender der AfD Hamburg, sowie der Hamburger FDP-Fraktionschef Michael Kruse.

Auch in Hamburg hatte es die AfD kurz zuvor bei den Wahlen ins Parlament, die Bürgerschaft, geschafft, und einige Tage vor der Veranstaltung hatte die *Hamburger Morgenpost* für ordentlichen Zündstoff gesorgt, als sie ein Interview mit Ralf Stegner veröffentlichte, in dem dieser die AfD in Bausch und Bogen in die rechtsextreme und auch antisemitische Ecke stellte. Stegners Position, sollte sie noch jemand angezweifelt haben, war also damit im Vorfeld der Veranstaltung bereits glasklar, und ich war mir sicher, dass er auch auf der Bühne voll auf Angriffsmodus schalten würde.

Den Kontrapunkt dazu setzte das Publikum. Bereits vor Beginn der Diskussion kam der Veranstalter zu mir und setzte mich darüber in Kenntnis, dass die AfD über die sozialen Medien mobilisiert habe und damit zu rechnen sei, dass sich überwiegend Parteianhänger im Saal befinden würden. Und tatsächlich: Schnell war zu merken, dass von den 120 Menschen im Publikum etwa 80 auf der Seite der AfD standen. An diesem Mengenverhältnis ließ sich bereits gut ablesen, was Stegner mit seiner gezielten Provokation über die Medien erreicht hatte. Er hatte nicht etwa die eigenen Anhänger mobilisiert, damit diese ihn bei der Diskussion unterstützten. Nein, alles, was er erreicht hatte, war das genaue Gegenteil. Der politische Gegner fühlte sich provoziert und sagte sich: Da gehen wir heute mal hin und zeigen dem Mann von der SPD, wo der Hammer hängt!

Entsprechend aufgeheizt war die Stimmung im Saal, was ich bereits vor Beginn spüren konnte, als ich mich, um ein kleines Stimmungsbild zu bekommen, unter die wartenden Menschen an der Bar im Foyer mischte. Interessant war: Sobald ich mich als Schweizer zu erkennen gab, war das unter AfD-Anhängern verbreitete Misstrauen gegenüber dem »Mann von der Presse« verschwunden. Im Gegenteil: »Sie sind wenigstens keiner von der deutschen Lügenpresse«, bekam ich zu hören, gleichzeitig lobte und rühmte man die Schweizer Unabhängigkeit von der EU und die direkte Demokratie.

Ich fragte, was sie zur AfD triebe. Einer ist Inhaber eines Reinigungsinstituts, früher FDP-Wähler, sagt er. Der Andere ist Hauswart, enttäuscht von den etablierten Parteien, die nichts für die einfachen Bürger täten, sondern nur für die »Großen« und für sich selbst. Ein älterer Herr erzählt, dass er Lehrer war, fast immer CDU gewählt habe. Von der CDU sei er enttäuscht und Merkel sei ja fast linker als Sigmar Gabriel. Wieder ein Anderer arbeitet als IT-Spezialist für ein internationales Unternehmen und sagt mir, dass Deutschland mit der zunehmenden Islamisierung dem Untergang geweiht sei.

Schließlich war es an der Zeit, die Diskussion zu eröffnen. Von Beginn an hatte ich Mühe, die Situation im Griff zu behalten, da an eine fließende Diskussion gar nicht zu denken war. Immer wieder störten Zwischenrufer aus dem Publikum die Debatte, der Unmut vieler Anwesender war mit Händen zu greifen.

Ich entschied mich, relativ früh die Diskussion auf das Oberthema des Abends zuzuspitzen. Ich stellte die Frage, ob es denn tatsächlich nur um »ignorieren oder bekämpfen« gehen könne oder ob es nicht auch Möglichkeiten gäbe, die Partei als demokratisch gewählte Kraft zu respektieren und zu akzeptieren. Mit ihr im Rahmen der in einer Demokratie üblichen politischen Prozesse umzugehen und sie dann eben bei den jeweiligen Themen zu »stellen«.

Eine bessere Steilvorlage hätte ich vor allem Ralf Stegner wohl kaum liefern können. Er machte seinem Ruf alle Ehre und polterte ordentlich los:

»Ich sehe überhaupt keinen Grund, weshalb sich eine Partei wie die SPD einlassen soll auf Menschen, die gegen Ausländer hetzen, die für Intoleranz eintreten, die Antisemitismus dulden

und ähnliche Dinge mehr. Eine Partei, die Antisemitismus duldet, die hat im demokratischen Konsens nichts verloren, Volkswille hin oder her… Mit solchen Parteien wird meine Partei nicht zusammenarbeiten, und mögen sie auch 20 Prozent Wähleranteile haben in manchen Ländern. Wer Reden hält wie Herr Höcke, der ist politisch mitverantwortlich, wenn Flüchtlingsheime brennen. Wer ständig glaubt, dass er es mit einer Lügenpresse zu tun hat, der hat Wahnvorstellungen, und solchen Menschen würde ich eher empfehlen, einen Arzt aufzusuchen. Mit denen muss ich doch nicht zusammenarbeiten Es ist schlimm genug, dass die ins Parlament gewählt werden, aber meine Partei wird sie auf jeden Fall politisch bekämpfen.«

Je aggressiver der Vortrag Stegners wurde, desto mehr Unruhe entstand auch im Publikum. Immer wieder wurden Zwischenrufe laut, wütend protestierten die AfD-Anhänger dagegen, vom SPD-Vize pathologisiert und in die rechtsextreme Ecke gestellt zu werden. Stegner allerdings hatte sich gerade erst so richtig warmgeredet und fuhr fort:

»Eine Partei wie die SPD, die schon seit 153 Jahren existiert und die auch schon verboten wurde, lässt sich nicht von Demokratiefeinden erklären, was Demokratie sein soll. Da können sie hier im Saal so laut schreien, wie sie wollen. Ich kann Ihnen nur sagen, für Intoleranz, Antisemitismus, Rassismus, Ressentiments gegen Ausländer und Menschen, die befehlen wollen, dass man auf Flüchtlinge schießen soll, finden sie in der SPD null Sympathie. Sie sind außerhalb des Konsenses der Demokraten. Ich bin ein stolzer Sozialdemokrat, von Rechten hab ich mich noch nie einschüchtern lassen, und das wird in diesem Leben auch nie passieren.«

Stegner live, wie man ihn kennt und in vielen TV-Talkrunden und anderswo bereits erlebt hat. An jenem Abend bekam ich eine Live-Kostprobe der Art und Weise, wie in den etablierten Parteien nicht nur von den Rampensäuen wie Stegner gedacht und argumentiert wird. Und ich sah und hörte, wie diese Botschaften bei denen ankommen, die da ohne Differenzierung von oben herab erniedrigt und bedrängt wurden.

Und in der Tat darf man Zweifel haben: Der Inhaber der Reinigung, der Hauswart, der ehemalige Lehrer, der IT-Spezialist: alles Rechtsextreme, Antisemiten, Hetzer, Rassisten? Kaum vorstellbar, wenn man sich diesen Querschnitt der AfD-Sympathisanten anschaut.

Die SPD feierte Stegners Auftritt später und verbreitete die Aufnahmen davon über ihre SocialMedia-Kanäle. Das sei ein deutliches Statement gegen die rechtsextreme AfD, lässt man verlauten und ist voll des Stolzes über den Kraft-Auftritt des eigenen Vize-Vorsitzenden.

Für die verschiedenen Anhänger der AfD im Saal indes war die Vorstellung Stegners eine verbale Erniedrigung, mit einer unvergleichlichen Verachtung von der Bühne hinunter auf die Zuschauer vorgetragen.

Die ohnehin schon bestehenden tiefen Gräben wurden an jenem denkwürdigen Abend noch viel weiter aufgerissen und die so oder so bereits harten Fronten nochmals deutlich verhärtet. »Der da oben« hatte »die da unten« so richtig zur Schnecke gemacht und sie genau in ihrem Weltbild bestätigt: Die Überzeugung eines Establishments, das sich in politischer Dekadenz gegen die einfachen kleinen Leute wendet, wurde aufs Beste bestätigt und bekräftigt. Stegner mag aus seiner Sicht klare Kante gezeigt und mutig in der Höhle des Löwen für seine politische Überzeugung eingestanden haben. Gleichzeitig jedoch hat er die AfD und ihre Anhänger weiter in die Opferrolle gedrängt, in welcher sie sich ohnehin schon tagein, tagaus sehen. Aus ihrer Sicht werden die Partei und ihre Mitglieder sowie Wähler zu Unrecht verachtet, verspottet und von den etablierten Parteien in die Nazi-Ecke gedrängt. Durch diese Überzeugung wird sich die AfD zukünftig noch mehr legitimiert sehen, radikal und mit allen Mitteln ihren Kampf gegen das Etablierte, gegen das System zu führen.

An diesem Abend wurde mir bewusst, dass Deutschland vor der Bundestagswahl 2017 eine politische Debatte bevorsteht, die es in dieser Schärfe – gepaart mit gegenseitigem Hass und Wut – so seit den Achtundsechzigern nicht mehr erlebt hat.

Wenn man es mit etwas Abstand betrachtet, muss man feststellen, dass vor allem die Flüchtlingskrise die politische Debatte in Deutschland ganz neu entfacht hat. Lange Jahre sprach man nur noch von Politikverdrossenheit, die Wahlbeteiligung war allerorten im steten Sinkflug, die Menschen zogen sich ins Private zurück. Man hätte es fast ein neues Biedermeier nennen können. Nun jedoch, wo es gefühlt an allen Ecken und Enden brennt, beginnen die Deutschen sich zu repolitisieren.

Mit dem Aufschwung der AfD scheint sich plötzlich das ganze Land mit seinen 80 Millionen Einwohnern für die Innenpolitik und dieses neue Phänomen am rechten Parteienspektrum zu interessieren. Und das zu Recht. Zum ersten Mal seit 1946 beginnt sich eine Partei rechts von der CSU flächenmäßig zu etablieren. Allerdings mit einer anderen Dynamik, als es in den 60ern bei der NPD oder in den 80ern bei den Republikanern der Fall war. Deutschland debattiert wieder über Politik. In den Cafés in Berlin. Am Bahnhofskiosk von Mainz. In der Strandbar in Zingst und im Fahrradladen in Köln. Die AfD hat Deutschland politisiert. Und all jene, welche sich vor einer neuen Rechten in Deutschland fürchten, fragen sich, wie man mit dieser Partei umgehen soll.

Dabei darf man durchaus bezweifeln, dass die Strategie Stegners, die von vielen Politikern der etablierten Parteien im Grundsatz geteilt wird, richtig ist. Ständig zu suggerieren, dass 15–20 Prozent aller Wähler im Grunde Nazis seien, kann kein richtungsweisendes Vorgehen sein, wenn man Demokratie ernst nimmt. Demokratie muss sich ständig neu ausprobieren, sie muss auch diejenigen aushalten können, die selbst manchmal nicht so ganz demokratisch sind. Im Grunde müsste das der Konsens sein, an den eine demokratische Gesellschaft sich hält.

Angesichts der Wahlerfolge der AfD und aus Angst vor dem Verlust eines ordentlichen Teils des Kuchens bei der Bundestagswahl scheint man diesen Konsens in Deutschland aufgekündigt zu haben. Stattdessen schlagen die Stegners und Taubers der Republik mit Worten um sich und pathologisieren eine große Wählergruppe, die bis vor nicht allzu langer Zeit zu einem großen Teil noch ihr Kreuz bei CDU, FDP, SPD oder der Linken gemacht hat. Denn auch das sollte ein Ralf Stegner nicht verkennen: Die AfD bezieht ihr Wählerpotenzial und auch ihre Mitglieder von allen bisherigen Parteien, selbst Ex-Sozialdemokraten und sogar ehemalige Grüne gibt es in der neuen Partei.

Im Nachhinein betrachtet war bereits der Titel der Veranstaltung symptomatisch: »Bekämpfen oder ignorieren«. Wenn das in einer Demokratie die einzigen beiden Optionen sind, um mit etwas umzugehen, das einem nicht gefällt, liegt der Verdacht nahe, dass etwas grundsätzlich falsch läuft. Jenseits von Kampf und Ignoranz liegt immerhin das, was eine demokratische Gesellschaft ausmacht: die Auseinandersetzung mit Argumenten, die Fähigkeit, die Bürger von besseren Konzepten zu überzeugen, das Einhalten eigener Versprechen.

Derzeit macht es den Eindruck, dass Deutschland mit der AfD überfordert ist. Das ist deswegen doppelt bedenklich, weil auch die AfD selbst mit der AfD überfordert ist. Wer ihre Protagonisten auf der großen Bühne verfolgt und die Aussprüche und Parolen ernst nimmt, erkennt schnell, dass es innerhalb der Partei offensichtlich ein Abgrenzungsproblem zum extremen rechten Rand gibt. Das bedeutet noch nicht zwangsläufig, dass die Partei als rechtsextrem zu bezeichnen ist, aber es zeigt recht deutlich, dass sich diese neue Kraft im rechten Spektrum noch längst nicht gefunden hat und dass niemand so genau weiß, wohin die Reise gehen wird.

Nun wäre es Aufgabe der amtierenden Politiker, die neue Konkurrenz mit Argumenten und Handlungen zu entzaubern. Das jedoch ist nur möglich, indem man sie einbezieht und im demokratischen Prozess in den Länderparlamenten in die Verantwortung nimmt. Ebenso wie vermutlich ab September im Bundestag.

Vor einiger Zeit habe ich ein Interview mit dem bekannten Politikberater und langjährigem Kohl-Vertrauten Peter Radunski geführt, in dem dieser eine ähnliche Haltung vertrat. Man müsse vielleicht sogar, so Radunski, den Mut dazu haben, die AfD in einer Koalition in der Regierung zu testen. Nur so ließe sich feststellen, was von den großen Worten, die manche ihrer führenden Figuren gerne von sich geben, übrig bleibt.

Für Angela Merkel ist das erkennbar keine Option, insofern werden wir diese Möglichkeit im September gar nicht erst in Erwägung ziehen müssen. Die Reaktion Merkels auf die Erfolge der AfD ist bisher leidlich indifferent. Sie meidet das Thema, wo sie nur kann, nur ab und an weist sie zart darauf hin, dass die AfD aus ihrer Sicht keinerlei Lösungen zu den Themen anbiete, über die sie sich echauffiere.

Die AfD ist also im Moment das große innenpolitische Problem der Regierung Merkel. Allerdings ein innenpolitisches Problem, das erst durch außenpolitische Vorgänge richtig in den Vordergrund gerückt ist. Denn erst die Flüchtlingskrise hat die neue Partei stark gemacht, und auf dieser Welle reitet sie nach wie vor, obwohl die neueren Zahlen zeigen, dass mit einer Wiederholung der Riesenwelle von 2015 mit fast einer Million Flüchtlingen in kürzester Zeit nicht zu rechnen ist.

Doch diese Welle hat in Teilen der Bevölkerung einen Schock ausgelöst und Phantasien in Gang gesetzt, die durch Vorkommnisse wie in der Silvesternacht 2015/2016 in Köln oder durch verschiedene Anschläge wie den auf dem Berliner Weihnachtsmarkt im Dezember 2016 noch beflügelt wurden. Seitdem glaubt ein Teil der Bürger nicht mehr, was Merkel, Gabriel und andere sagen, seitdem fühlt sich dieser Teil der Bevölkerung im Stich gelassen. Während diese Bürger früher vielleicht resigniert hätten und gar nicht erst zur Wahl gegangen wären, macht heute ein guter Teil von ihnen sein Kreuz bei der AfD.

Dieses Kreuz bei der AfD ist für Angela Merkel nicht nur innenpolitisch ein Problem, sondern es berührt auch ihr außenpolitisches Handeln, insbesondere ihr Engagement für ein starkes Europa.

Vision und Motivation einer Physikerin – wie Angela Merkel die CDU und Deutschland verändert

Angela Merkel hat früh erkannt, dass die alte Weltordnung, geprägt vom Ost-West-Konflikt, zerfällt. Sie hat es ganz persönlich an sich selbst erlebt und erfahren, mit dem Zerfall ihrer alten Heimat in der DDR und dem Zerfall der Ost-Schutzmacht Sowjetunion. Merkel musste sich persönlich, ihr Handeln, ihr Denken verändern, um in dieser neuen Situation, in ihrem neuen Leben Fuß zu fassen, um darin zu überleben und Erfolg zu haben. Man kann also durchaus behaupten, dass die Bundeskanzlerin Merkel an sich selbst studieren konnte, wie man auf geopolitische Veränderungen reagieren muss, um langfristig zu überleben und erfolgreich zu sein. Die Erkenntnisse, die sie seitdem aus ihren Beobachtungen gezogen hat, prägen ihre Vision davon, wie es mit Deutschland und mit Europa weitergehen könnte.

Sie sieht, dass sich auf der Welt neue Kräfte und Mächte positioniert haben. Diese sind aus wirtschaftlicher Stärke gewachsen und zu Global Players aufgestiegen – allen voran China.

Das Resultat ihrer Beobachtungen ist ein Bild von der Welt, wie sie in 25 Jahren sein könnte. Da geht es beispielsweise um die Frage, welche Großmächte sich formiert haben werden und wie diese sich dann gegenüberstehen. In Merkels Vision sind das mehrere große Blöcke: China, Russland, USA, Afrika, Indien sowie vielleicht ein Verbund arabischer Länder, welcher bei ihr Befürchtungen ideologischer Ausbreitungsgelüste auslöst. Dazu kommt der für sie wichtigste Block: Europa.

Ihre Vision ist ein Europa, das gegen diese anderen Machtblöcke bestehen kann, ein Europa als fester Block, wirtschaftlich, demokratisch, rechtsstaatlich. Als Friedens- und Werteunion sowie als erfolgreiche Wirtschaftsunion. Wenn man ihr zuhört, fällt auf, wie oft sie von »Wohlstand und Arbeit für alle« spricht. So sehen ihr Wunsch-Deutschland und ihr Wunsch-Europa aus. Aus wirtschaftlicher Stärke wächst politische Stärke und umgekehrt. Immer wieder: »Wohlstand und Arbeit für alle«. Daraus wächst politische Stabilität – als Beweis dient ihr das Land, das sie selbst als Bundeskanzlerin seit einer gefühlten Ewigkeit führt. Sie weiß, dass sie niemals zwölf Jahre lang hätte regieren können, wenn es mit Deutschlands Wirtschaft abwärts anstatt aufwärts gegangen wäre. 2005, im Jahr, als sie ihren Posten als Regierungschefin antrat, lag die Arbeitslosenquote in Deutschland bei fast 12 Prozent. Heute bei rund 6 Prozent.

Doch auch ihr Blick auf Europa hat sich verändert: Merkel sieht die Staatengemeinschaft zukünftig mehr und mehr auch als Verteidigungsbündnis. Erst recht, seit die Aussagen des neuen amerikanischen Präsidenten Donald Trump zur Nato die Rolle der USA als Schutzmacht für Europa arg in Frage stellen. Europa, so weiß Merkel, muss sich als dieses Verteidigungsbündnis darstellen, um Ausbreitungsgelüste anderer Großmächte im Keim zu ersticken, um bei internationalen Krisen mitreden und mithandeln, aber auch um sich im Angriffsfall verteidigen zu können. Dafür ist Merkel auch bereit, das Verteidigungsbudget Deutschlands deutlich zu erhöhen, auch wenn sie sich bisher innenpolitisch nicht getraut hat, dieses sensible Thema anzugehen.

Sie will Europa zusammenhalten, damit es den Menschen Frieden, aber auch Werte erhält.

In diesem starken Europa gibt es ein starkes Deutschland. »Ein starkes Deutschland in einem starken Europa«, das ist vielleicht jene Formulierung von Merkel, die ich in den letzten Jahren am meisten gehört habe.

Ein wichtiger Punkt dabei ist das schnellere Vorantreiben der Digitalisierung in Deutschland. Merkel schaut dabei vor allem auf Lettland, jenen kleinen baltischen Staat, der allen anderen europäischen Staaten in Sachen Digitalisierung weit voraus ist.

Woraus bezieht die Kanzlerin die Motivation für diese Visionen?

Wer an der Macht ist, will diese erhalten. Für sich selbst und für die, welche die eigenen Überzeugungen teilen. Diese Feststellung gilt auch für Angela Merkel. Sie weiß, dass sie mit dieser Macht Einfluss darauf hat, was in ihrem Land mit 82 Millionen Menschen geschieht, und auch auf das, was mit 500 Millionen Europäern geschehen wird. Doch Machterhalt ist nicht allein die Motivation für dieses Handeln, sondern dient viel mehr als Mittel, um die eigene Vision langfristig umsetzen zu können.

Letztlich kristallisieren sich zwei Grundlagen heraus, die Angela Merkel als Motivation dienen, ihre Vision umzusetzen:

- Ihre christliche Grundüberzeugung, Gutes für Menschen zu tun.

Diese Grundüberzeugung hat ihren Ursprung in Angela Merkels Kindheit ab ihrem dritten Lebensjahr, als die Familie Kasner auf dem Templiner Waldhof wohnte. Dort machte sie sich unter Anleitung ihres Vaters Horst, evangelischer Pfarrer, den Grundsatz zu eigen, anderen Menschen zu helfen. In den umliegenden Gebäuden auf dem Waldhof in Templin lebten geistig behinderte Menschen, mit denen die junge Angela spielte und um die sie sich auch kümmerte.

– Ihre eigene Geschichte als Bürgerin der DDR.
In einem Unrechtsstaat aufgewachsen hatte Angela Merkel die Möglichkeit, durch die deutsche Einheit Freiheit und Wohlstand zu erlangen. Das hat sie nicht vergessen, bot es ihr doch die Entfaltungsmöglichkeit, in einem Land leben zu können, in dem die Würde des Menschen als unantastbar gilt. Diesen Hauptparagraphen des deutschen Grundgesetzes zitiert sie heute immer und immer wieder – gerade auch in der Flüchtlingskrise.

So ist Merkels Motivation letztlich auch ein durchaus konservativ zu nennendes Bemühen und Streben danach, für gut befundene Dinge zu erhalten. Also das, was sie durch die Einheit erlangt hat. Und so ist es vielleicht eine Ironie des Schicksals, dass ihre politischen Gegner von Pegida bis AfD genau dasselbe wollen – nämlich erhalten, was sie erlangt haben. Der entscheidende Unterschied ist jedoch, dass Merkel der Überzeugung ist, dass dies nur eingebettet in ein starkes Europa gelingen kann und nicht dadurch, dass Deutschland sich abkapselt und einen deutschen Sonderweg geht. Angela Merkel betrachtet im Gegensatz zu ihren politischen Gegnern auf der konservativen Seite die Welt als Ganzes, niemals nur ihr Deutschland für sich allein.

Heimatgefühle – Wahlkampf an der Ostsee

Eine schöne warme Sommerbrise zieht an diesem Julitag über den Ostseestrand von Zingst. Menschen baden am breiten, abfallenden Strand an diesem nordöstlichsten Zipfel Deutschlands. Es ist eine Freizeitregion, hierher zieht es Urlauber aus ganz Deutschland. Ein wunderschöner Flecken des Landes, das sie regiert also, den sich Angela Merkel für den ersten Wahlkampfauftritt mit Blick auf die Landtagswahlen in ihrem Stammland Mecklenburg-Vorpommern ausgesucht hat. Man darf davon ausgehen, dass sie diesen Ort ganz bewusst ausgewählt hat, denn es ist ein Heimspiel. Die Kanzlerin, die sonst abgeschottet in Berlin sitzt oder durch die Welt jettet, ist endlich mal wieder dort, wo man sie kennt und wo man ihr vertraut. Das tut gut in Zeiten von Flüchtlingskrise und eben vollzogenem Brexit. Seit 1990, ein Vierteljahrhundert schon, ist sie die direkt gewählte Abgeordnete für diesen Wahlkreis.

Die Freiluftbühne, die die Parteifreunde von der Zingster CDU direkt an der Strandpromenade mit Sicht auf die Ostsee aufgebaut haben, wirkt angesichts des hohen Besuchs eher provinziell. Doch es sind genau diese Settings, die Merkel mehr zusagen als das große Scheinwerferlicht, die von Lichteffekten belegten großen Bühnen. Die braucht sie nicht, und die will sie eigentlich auch gar nicht. Das hier ist schlicht und unprätentiös und damit wie geschaffen für das, was sie sich vorgenommen hat: Nicht die Bühnengestaltung soll heute überzeugen, sondern die Botschaft soll ankommen.

Merkel will sich an diesem Tag nicht nur auf das Landespolitische beschränken. Die Menschen hier oben in ihrer politischen Heimat, aber auch alle anderen in Deutschland sollen kurz vor dem langen Sommerurlaub nochmals ihre Sicht der Dinge auf Deutschland, auf Europa und auf die Welt zu hören bekommen.

Am frühen Nachmittag dröhnt laute Musik aus den großen Lautsprecherboxen rund um die kleine Bühne. Es ist Musik, so denke ich bei mir, die ich vermutlich noch zu meinen Schulzeiten auf Klassenfeiern gehört habe. Musik, mit welcher man damals schon die deutschen WM-Helden von 1990 empfangen hat. Es hat etwas Bemühtes, aber auch etwas Rührendes, doch Angela Merkel kümmert sich generell wenig bis gar nicht um solche Inszenierungen. Der Einmarsch, die Show, die für andere Politiker fast den ganzen Auftritt ausmachen, ist für sie unwichtig und unbedeutend. An ihrer Seite steht Lorenz Caffier, der Innenminister des Landes Mecklenburg-Vorpommern, der an diesem Tag mehr aufmerksamer Begleiter der Kanzlerin ist als eigenständiger Wahlkämpfer.

Merkel spricht von Heimat und guten Gefühlen, die sie habe, wenn sie auf die Ostsee blicke. Sie verspricht den Menschen, den Zustrom von Flüchtlingen von Berlin aus zu regulieren, sie verspricht, jene abzuschieben, die sich nicht an die Regeln in Deutschland halten, und sie sagt ihnen, dass man alles tun werde, dass sie alle hier auch in Zukunft so friedlich leben und an freien Tagen in der Ostsee baden können, ohne sich Sorgen um ihre Sicherheit machen zu müssen. Dazu kündigt sie mehr Polizisten an, eine Aufstockung der Sicherheitskräfte im Bundesland und in ganz Deutschland. Das ist schon eine kleine Kehrtwende nach dem jahrelangem Abbau in den bundesweiten Polizeikorps. Da kommt die pragmatische Angela Merkel zum Vorschein, jene Bundeskanzlerin, die reagiert und alte Dinge über den Haufen wirft, wenn sie spürt, dass dies von den Menschen erwartet wird.

Das Sicherheitsthema ist eine gute Brücke, um den Anwesenden aufzuzeigen, in welchem Deutschland und in welchem Europa sie zukünftig mit ihr als Kanzlerin leben sollen, nämlich in einem starken Deutschland inmitten eines vereinten Europa. Es ist ein Europa, so sagt sie den Zuhörern, in dem nach dem Brexit-Entscheid der Briten jetzt alle anderen 27 Staaten ganz besonders gefordert seien, das zusammenzuhalten, was den Menschen, auch ihnen hier oben an der Ostsee, in den letzten 70 Jahren Frieden gebracht habe. Die EU und das vereinte Europa sei die Voraussetzung, die die Möglichkeit zu Entfaltung und Wohlstand gebracht hätte. Das habe Deutschland stark gemacht, das habe aber auch Europa zu einem wichtigen Block in der Welt werden lassen, den man sich erhalten müsse, wolle man zukünftig mitreden im Konzert der Großen. Diese Großen benennt sie mit China, Russland, den USA, daneben Indien und andere aufstrebende Regionen. Und sie spricht von gemeinsamen Werten, die alle Europäer teilen. Die Botschaft ist einfach und klar. Merkel will Europa zusammenhalten, damit sie hier oben in Zingst und im ganzen Mecklenburg-Vorpommern auch weiter in Frieden, nach europäischen Werten und Grundsätzen leben können.

Sie mahnt, den Anschluss an die technische und digitale Entwicklung auf der Welt nicht zu verpassen, spricht von Autos, die bald von alleine fahren werden, und führt vor Augen, wie schnell es von der guten alten Telefonleitung zuhause bis zum allzeit und überall möglichen Videoanruf vom Ostseestrand hinaus in die ganze Welt ging.

Das Publikum nickt zustimmend. Sie werde die Digitalisierung vorantreiben. Alles dafür tun, um Schritt halten zu können mit dem technischen Fortschritt. Auch diese Botschaft ist klar. Mit mir, mit der Bundeskanzlerin Merkel, werdet ihr nicht abgehängt, weil ich in die Zukunft blickte und dabei eine Vorstellung habe, wie diese Zukunft aussehen könnte – sowohl geopolitisch als auch technisch.

Da ist sie wieder, denke ich, unten am Bühnenrand stehend, diese Vision Merkels, auf der sie ihr politisches Handeln und Denken aufbaut. Und bei aller journalistischen Neutralität spüre ich es irgendwie sogar an mir selbst, dass es guttut, ihr dabei zuzuhören. In Zeiten der Verunsicherung und anstehender großer geopolitischer Verschiebungen und allgemeiner Verunsicherung sehnt man sich nach einem Plan. Nach einer Idee, wie man angesichts der vielen Veränderungen bestehen kann.

Nach Merkels Auftritt führe ich Interviews mit den Leuten, die ihr eben zugehört haben. Es sind nicht nur CDU-

Anhänger, sondern auch viele Urlauber darunter, die einfach nur mal die Gelegenheit ergriffen haben, die Kanzlerin persönlich zu sehen und zu hören.

Ein älterer Mann sagt mir, dass er mit Merkels Flüchtlingspolitik nicht einverstanden gewesen sei. Aber wirklich nur damit, sonst sei er überzeugt von ihr, teile ihre Sicht und ihre Meinung, weil sie mit Weitsicht agiere und immer die Zukunft im Blick habe. »Ich habe Vertrauen in sie, weil sie eine sehr klare Vorstellung hat, wie diese Zukunft aussieht«, ist sein Fazit, und es deckt sich mit denen, die ich sonst noch höre. Ein anderer Zuhörer sagt mir, dass man mit Merkel schon so manche Krise in Europa überstanden habe. Sie sei eine gute Krisenmanagerin, weil sie den Weitblick nicht verliere. Ein etwa 50-jähriger Urlauber aus Stuttgart mag offensichtlich den Spitznamen der Kanzlerin. Er sagt, man sehne sich eben nach Mutti, wenn es nicht so gut laufe. Weil eine Mutti eben wisse, was die Kinder in dem Moment und langfristig brauchen.

Ein 7-jähriges Mädchen bittet Merkel bei deren Abgang noch um ein Autogramm. Merkel schreibt ihren Namen groß und gut leserlich auf das rosa T-Shirt des Mädchens. Voller Stolz zeigt die Kleine das Autogramm der Kanzlerin in unsere Kamera, während ihre Mutter alles mit ihrer Handykamera dokumentiert. Das T-Shirt werde einen ganz besonderen Platz in einer Vitrine bekommen, sagt mir das Mädchen.

Es ist wie eine persönliche Versicherung für die Zukunft, denke ich. Deutschlands Mutti hat ganze Arbeit geleistet an diesem Tag.

Adenauers Erbin

Es gibt für alles ein erstes Mal. Wenn sich Rahmenbedingungen ändern, muss man flexibel darauf reagieren, um handlungsfähig zu bleiben. Gerade in der Politik haben eigentlich alle Handelnden diese Maxime so sehr verinnerlicht, dass es immer wieder dazu kommt, dass der Wähler sich ob der moralischen und politischen Flexibilität einiger Politiker fragt, ob er diesen tatsächlich noch vertrauen kann. Es ist Konrad Adenauer, erster Nachkriegs-Bundeskanzler und einer der Ur-Väter der CDU, dem ein Satz zugeschrieben wird, der diese Flexibilität gleichzeitig beschreibt und auch kritisch beleuchtet: »Was kümmert mich mein Geschwätz von gestern!«

Nun sollte man nicht verschweigen, dass bei diesem Zitat gerne der folgende Halbsatz Adenauers ausgelassen wird: »Nichts hindert mich, weiser zu werden!« Vor diesem Hintergrund beschreibt der Satz zwar immer noch den Hang zur Flexibilität, liefert aber eine gute Begründung gleich mit, warum es angeraten ist, flexibel zu bleiben.

Angela Merkel ist als deutsche Bundeskanzlerin eine der politischen Enkelinnen von Konrad Adenauer, und wohl kaum eine nominell konservative Politikerin hat der Maxime des Alt-Bundeskanzlers mehr Leben eingehaucht als sie. So viele erste Male, wie Angela Merkel der CDU und damit auch dem Land insgesamt verordnet hat, hat man wohl in keiner Kanzlerschaft zuvor gesehen, und es kann nicht verwundern, dass die Bevölkerung in Teilen damit überfordert ist.

Eines der jüngsten ersten Male konnte man unmittelbar nach der Wahl in Mecklenburg-Vorpommern im Herbst 2016 sehen. Normalerweise ist Angela Merkel sehr zurückhaltend mit der Kommentierung von Landtagswahlen, nie würde sie von sich aus mehr als das unbedingt Notwendige öffentlich dazu äußern. Die Analyse läuft intern und hinter verschlossenen Türen ab. Um so erstaunlicher war es, zu sehen, dass die Kanzlerin sich genötigt sah, den Wahlausgang in ihrem Stammland sogar aus dem Ausland zu kommentieren. Zum Zeitpunkt der Wahl befand sich die Kanzlerin auf einer China-Reise und wurde dort, im fernen Osten der Welt, mit den Ergebnissen aus dem nahen Osten der Republik konfrontiert. Soeben hatte die AfD im Wahlergebnis die Kanzlerinnenpartei hinter sich gelassen und damit im Bewusstsein des politischen Deutschland einen kleinen Erdrutsch ausgelöst.

Nie zuvor hatte Merkel auf einer Auslandsreise politische Vorgänge in Inneren kommentiert, dazu bestand aus ihrer Sicht offenbar niemals die Notwendigkeit. Dass sie es in diesem Fall anders hielt, zeigt daher recht deutlich, welchen Stellenwert sie dem Wahlergebnis zumaß. Natürlich war das Statement selbst im typischen Merkel-Duktus gehalten, sie beharrte auf der Richtigkeit der Entscheidungen auf dem Höhepunkt der Flüchtlingskrise. Zwischen den Zeilen jedoch war die Sorge zu merken, dass die Diskussionshoheit über das Thema Flüchtlinge immer mehr schwindet und die Politik der Bundesregierung immer größeren Teilen der Bevölkerung nicht mehr vermittelbar ist.

Dieses erste Mal war somit mehr als ein deutlicher Fingerzeig, dass die Kanzlerin sehr wohl gemerkt hat, was sich im Lande tut. Sie sieht, dass sie sich mit ihrer Politik in eine Lage manövriert hat, die nun dazu angetan ist, ihre Macht zu gefährden und damit in letzter Konsequenz auch ihre Vorstellungen für die Zukunft Deutschlands und Europas. Diese Erkenntnis wird der Grund sein, aus dem Angela Merkel und die CDU zumindest in Teilen ihrer Politik sich fast unmerklich wieder ein kleines Stück auf den konservativen Flügel der Partei und auch der Wähler zubewegen. Die Asylpakete I und II sind hier die Stichworte, dabei beispielsweise die Diskussion über die Rückführung nicht asylberechtigter Zuwanderer.

Pragmatismus als Politik – eine Hypothek für die CDU

1990, in der unmittelbaren Nachwendezeit, betrat Angela Merkel das politische Parkett der Bundesrepublik. In der DDR war sie weder Mitglied der SED noch in einer der Blockparteien gewesen und politisch nicht in Erscheinung getreten. In der Wendezeit jedoch engagierte sie sich im »Demokratischen Aufbruch« (DA), einer Organisation, die noch kurz vor dem Mauerfall im Oktober 1989 gegründet worden war und sich kurze Zeit später, im Dezember 1989, Parteistrukturen gab. Angela Merkel fungierte beim DA zunächst als Sachbearbeiterin im Umfeld des später als Stasi-Mannes enttarnten Wolfgang Schnur, später dann als Pressesprecherin. Unter dem letzten Ministerpräsidenten der DDR, Lothar de Maizière, war sie dann auch Regierungssprecherin.

Nachdem der DA, der eigentlich als eher links orientierte Organisation galt, dem von der CDU forcierten Wahlbündnis »Allianz für Deutschland« beigetreten war, nahm Merkel unter anderem an den Zwei-Plus-Vier-Gesprächen zur Organisation der deutschen Einheit teil und war somit von der ersten Stunde an am Entstehen der neuen Berliner Republik beteiligt.

Die Feststellung, dass der DA und sein Personal von vielen Beobachtern eher im linken politischen Spektrum verortet wurden, ist deshalb für die Ausführungen in diesem Buch interessant, weil es zu einem frühen Zeitpunkt ein wichtiges Schlaglicht auf die politische Sozialisation der Bundeskanzlerin wirft. Merkel ist im Gegensatz zu all ihren Vorgängern als Kanzler und als Parteivorsitzende kein originäres CDU-Eigengewächs. Sie kennt die Durchlaufstationen (die man auch als Durchlauferhitzer auf dem Weg zur Parteiidentität verstehen kann) wie die Arbeit in der Jungen Union oder in Kreisverbänden der Partei nicht, sondern ist sofort auf hoher Ebene quer eingestiegen. Und wie das mit Quereinsteigern so ist, tun sie ihren Organisationen oft gut, sorgen aber auch für Irritationen, weil sie sich den üblichen Abläufen und Denkweisen bisweilen verweigern und Ziele auf neuen Wegen zu erreichen versuchen.

In den Wirren der Wendezeit mit all ihrer politischen Neuorganisation zeigte sich auch früh Merkels Wille zur Macht. Sie forcierte von sich aus den persönlichen Kontakt zum damaligen Bundeskanzler Helmut Kohl und schaffte es schnell, in den engeren Kreis der Kohl-Vertrauten aufgenommen zu werden. Als politisch relativ unerfahrene Frau erhielt sie einen gut dotierten Posten als Ministerialrätin im Bundespresse- und Informationsamt und konnte sich aus dieser gesicherten Position heraus eingehend um ihre politischen Ambitionen kümmern.

Auch hier ließ der Erfolg nicht lange auf sich warten. Nachdem sie sich bei der ersten gesamtdeutschen Bundestagswahl im Dezember 1990 um ein Bundestagsmandat beworben und ihren Wahlkreis mit fast 50 Prozent der Stimmen gewonnen hatte, ging es mit der Bildung des Kabinetts durch Helmut Kohl anschließend weiter steil die Karrieretreppe hinauf. Im ersten gesamtdeutschen Regierungskabinett erhielt Angela Merkel den neu geschaffenen Posten der Bundesministerin für Frauen und Jugend. Das war zwar ein kleines und zunächst einmal wenig bedeutendes Ministerium, doch bedeutete es für Merkel den endgültigen Einstieg auf höchster politischer Ebene, wobei sie sich jederzeit der persönlichen Unterstützung durch den mächtigen Bundeskanzler Kohl sicher sein konnte. In dieser Zeit entstand das Wort von »Kohls Mädchen«, ein Begriff, der einerseits durchaus treffend die Protektion durch Kohl widerspiegelt, andererseits jedoch verkennt, welch klaren Willen zur Macht und politischen Gestaltung Angela Merkel damals schon hatte. Während der verniedlichende Begriff ihren Fähigkeiten nicht gerecht wird und ihr manches Mal übel aufgestoßen sein wird, hat er vielleicht in der einen oder anderen Situation auch dafür gesorgt, dass sie gewissermaßen ein wenig »unter dem Radar« weitere Höhenflüge antreten konnte, die schließlich im höchsten Regierungsposten der Republik mündeten.

Schaut man sich Merkels Politik als Bundeskanzlerin über die lange Zeit, die sie das Amt mittlerweile innehat, an, so stellt man schnell fest, dass sich die beschriebene politische Sozialisation in ihrem Handeln sehr gut widerspiegelt. Merkels Stärke liegt seit jeher darin, eine ideologiebefreite Politik zu machen, die sich ausschließlich an Sachfragen orientiert. Merkels Politikansatz fragt nicht danach, für wen (welche Zielgruppen, welche Klientel) Entscheidungen getroffen werden können, sondern immer, warum und mit welchem praktischen Ziel diese Entscheidungen notwendig sind.

Mit dieser Vorgehensweise hat sie nach und nach die Art der Politik in ihrer eigenen Partei, aber auch die der ganzen Republik nachhaltig verändert. Parteiprogramme, die es natürlich auch in der CDU nach wie vor gibt, sind für sie eine Art elastische Masse, die eine ganze Menge Zug in die eine wie in die andere Richtung aushalten muss. Die Grundsatzfrage, die sich an dieser Form der Amtsführung und politischen Haltung entzündet, ist die nach der Bezeichnung für das Ganze. Während die einen es für unbedingt notwendige Flexibilität halten, riecht es für die anderen nach politischer Prinzipienlosigkeit und Orientierungsverlust.

Von außen betrachtet kann man es vor dem Hintergrund sich ständig in immer größerer Geschwindigkeit wandelnder weltpolitischer Gegebenheiten aber wohl nur im ersteren Sinne interpretieren. Merkel reagiert und regiert so gut wie immer ideologiefrei und hat damit eine Form modernen Regierens implementiert, die man in vielen anderen Staaten vergeblich sucht. Ein gutes Beispiel ist die Reaktion nach der Reaktorkatastrophe von Fukushima. Angela Merkel hat sehr deutlich gespürt, wie sehr dieser Vorfall in Deutschland zu begründeter Besorgnis und Ängsten geführt hat. Dementsprechend schnell hat sie als Reaktion auf den Unfall den deutschen Atomausstieg forciert. Niemals wäre ein CDU-Bundeskanzler in der Vergangenheit mit einer derartigen Geschwindigkeit von der scheinbar fest zementierten deutschen Atompolitik abgewichen.

Ähnliche Beispiele sind die Ehe für gleichgeschlechtliche Paare, meist unter dem etwas despektierlichen Begriff »Homo-Ehe« subsumiert, die Ausweitung der Betreuungsmöglichkeiten für Kinder unter drei Jahren, die Debatte um den Mindestlohn und eben auch die spontane Grenzöffnung für die Flüchtlinge im Herbst 2015 inklusive der Anpassungen des Asylrechts.

Bei all diesen Entscheidungen spielen Umfragen eine sehr große Rolle. Angela Merkel nimmt Meinungsumfragen in der Bevölkerung sehr ernst, sie schaut im wahrsten Sinne des Wortes »dem Volk aufs Maul«, was gerade im Lutherjahr 2017 ein besonderer Vorteil sein könnte.

Allerdings muss man diese Beobachtung genau differenzieren. Zwar tragen Umfragen einiges zur Merkel'schen Politikgestaltung bei, doch geht es dabei nicht um plumpen Populismus. Das unterscheidet sie von anderen Politikern, die natürlich immer gerne vorgeben, sie handelten nach Volkes Willen. Merkels Vorgehensweise ist in dieser Hinsicht sehr sorgfältig. Sie registriert zwar diesen Willen, der sich in Umfragen ausdrückt, prüft jedoch sehr genau, wie es zu den Ergebnissen gekommen ist und ob das Ergebnis rational nachvollziehbar und umsetzbar ist.

Mit dieser Abkehr von der altgewohnten Prinzipientreue der CDU stößt sie immer wieder die konservative Stammwählerschaft der Union vor den Kopf, hat aber gleichzeitig in der Mitte und im linken Lager ein enormes Wählerpotenzial aktiviert, das ihr bei allen Wahlen Mehrheiten gesichert hat. Allerdings lässt sich diese Aussage auf Bundesebene eben auch nur für die Zeit vor der AfD treffen, als das verunsicherte konservative Publikum noch gar keine Alternative zur Union zur Verfügung hatte. Mit dem Beackern des rechten Politikfeldes durch die AfD ist eine Situation eingetreten, die unter anderem durch die beschriebene Realpolitik von Angela Merkel ausgelöst worden ist und die Republik im September vor erhebliche Probleme stellen kann. Das Wahlergebnis in Mecklenburg-Vorpommern ist da nur ein erstes Menetekel gewesen.

Diese Tatsache macht den Politikansatz der Bundeskanzlerin nicht falsch, sie zeigt jedoch, wie leicht sich ein Vorteil in einen Nachteil verwandeln kann. Gleichwohl muss man Angela Merkel zugestehen, mit ihrer Vorgehensweise eine Modernisierung der CDU geschafft zu haben, von der in der Ära Kohl niemand zu träumen gewagt hätte. Die konsequente Öffnung der Partei in eine Mitte-links-Richtung in Verbindung mit einer nicht minder konsequent pragmatischen Politik hat den Status der Volkspartei eher gestärkt als geschwächt. Diese Aussage lässt sich im gleichen Zeitraum für die einstige Partei des kleinen Mannes, die SPD, nicht mehr treffen. Dort verliert man sich allzu häufig in ideologischen Grabenkämpfen, verbeißt sich in Prinzipienreiterei und merkt viel zu spät, dass man sich damit immer stärker von der Regierungsfähigkeit weg und in eine Dauer-Juniorpartnerschaft mit der CDU hineinmanövriert. Ob der aktuelle parteiinterne Hype um den neuen Kanzlerkandidaten Martin Schulz diese Gräben in der SPD nachhaltig schliessen kann, dafür ist es noch zu früh für eine Bewertung.

Physik und Politik

Bei Angela Merkel gibt es neben der politischen Sozialisation eine weitere Basis für ihr politisches Handeln. Sie ist nicht nur eine politische Quereinsteigerin, was die Prinzipien ihrer Partei angeht, sondern auch im Hinblick auf ihre berufliche Laufbahn. Wie bereits beschrieben, hatte Merkel in der DDR kaum Berührungspunkte mit der politischen Sphäre, solange es nicht innerhalb des Systems unumgänglich war. Und auch hier lassen sich die bisweilen kritisierten Punkte wie die FDJ-Tätigkeit oder das Bekenntnis zum sozialistischen System in ihrer Doktorarbeit wohl mit einer pragmatischen Haltung zu den Gegebenheiten erklären. Ohne diese Zugeständnisse wäre eine wissenschaftliche Karriere innerhalb eines sozialistischen Staates nicht möglich gewesen, und Merkel strebte diese Karriere als fähige Physikerin durchaus an.

Nach dem Ausstieg aus dem Wissenschaftsbetrieb und dem Aufstieg innerhalb der politischen Sphäre der Bundesrepublik behielt Merkel die Denkweise der Naturwissenschaftlerin bei und machte sie zur Grundlage ihres Handelns. Sie ist immer auf der Suche nach praktikablen Lösungen, forscht so lange, bis sie von einer Vorgehensweise überzeugt ist, ohne sich zu schade zu sein, diese Vorgehensweise auch wieder zu korrigieren, wenn sich Hindernisse auftun.

Deutschland hält Angela Merkel mit dieser Handlungsweise auf Kurs, innerhalb der Union jedoch vergrößert sie damit die Gräben, die es zwischen dem eher liberalen Flügel und den Konservativen auch in der Vergangenheit schon gegeben hat. Genau genommen sind es gleich zwei Gräben, die da immer weiter auseinanderklaffen: einer innerhalb der CDU, der zweite zwischen den Schwesterparteien CDU und CSU.

Die Rolle der CSU soll in einem eigenen Kapitel näher beleuchtet werden. Doch im Hinblick auf Angela Merkel und ihre Chancen auf eine erneute Kanzlerschaft muss auch an dieser Stelle schon erwähnt werden, dass der bisweilen durchaus produktive Abstand zwischen den Schwesterparteien derzeit so groß ist, dass ein Auseinanderreißen des für die Union so wichtigen Bündnisses noch nie so sehr im Bereich des Möglichen lag wie in diesen Monaten. Das Verhältnis Angela Merkels zu CSU-Chef Horst Seehofer ist eines der spannendsten in den derzeitigen Personenkonstellationen der deutschen

Politik. Seit der Gründung der gemeinsamen Fraktion am 1. September 1949 musste es immer einen Spagat geben, um allen Mitgliedern und Wählern einigermaßen gerecht werden zu können, gleichzeitig wusste aber die eine Unionspartei immer, was sie an der anderen hat. Die CSU war immer für das politisch rechte Feld in der Koalition zuständig, dabei jedoch nie so weit von der CDU entfernt, dass es wirklich unangenehm aufgefallen wäre. Das hat sich unter Merkel entscheidend geändert, und die nur in Bayern tätige CSU tut sich schwer, gegen die bundesweit antretende AfD die Stellung zu halten und die alten Themen auch insgesamt für die Union zu reklamieren. Gerade Merkels Entscheidungen im Rahmen der Flüchtlingskrise haben den Graben zwischen den Parteien so weit vergrößert, dass die Diskussionen über eine Trennung immer wieder aufflammen werden und auch das Nachdenken über eine bundesweite CSU wieder neue Nahrung erhält.

Im Auge der Macht – Merkels Machtzirkel

Nicht umsonst hat das *Time Magazine* Angela Merkel bereits mehrfach zur mächtigsten Frau der Welt ernannt. Im Männerspiel der Politgrößen, die Wohl und Wehe der Welt entscheidend beeinflussen, spielt sie nicht einfach nur mit, sondern ist eine große Nummer, respektiert von allen, von einigen vielleicht sogar gefürchtet. Eine eiserne Lady der Jetztzeit, auch wenn es inhaltlich sicher viele Unterschiede zu Margaret Thatcher gibt.

Doch wer über so viel Macht verfügt, muss zwangsläufig ein erhöhtes Misstrauen gegenüber dem eigenen Umfeld haben. In der Geschichte gibt es zu viele Beispiele für diejenigen, die im Glanze der Macht nur ihr eigenes Süppchen kochen wollten – von den Hofschranzen des Mittelalters bis zu Teilen der Entourage moderner Politiker.

Auch Angela Merkel hat dieses Misstrauen, sie hält sich möglichst fern von Außenstehenden und Unbekannten und lässt kaum jemanden wirklich nah an sich heran, den sie nicht schon lange Zeit kennt und in ihrem Umfeld erlebt hat.

Im politischen Berlin spricht man in diesem Zusammenhang auch ein wenig spöttisch von Merkels »Girls Camp«, vor allem gewisse männliche Kreise innerhalb der CDU verbergen hinter diesem abschätzigen Ausdruck ihre eigene Unfähigkeit, Einfluss auf die Kanzlerin auszuüben. Gemeint ist mit diesem Ausdruck der innerste Zirkel der Kanzlerinnenmacht, bestehend aus einem weiblichen Triumvirat. An der Spitze natürlich Angela Merkel höchstpersönlich, daneben die der Öffentlichkeit weithin unbekannten Beate Baumann und Eva Christiansen. Diesem Frauentrio als weitere Person im engsten Kreis um die Kanzlerin assoziiert ist Kanzleramtsminister Peter Altmaier, seit 2013 auf diesem Posten. Gerade Baumann und Christiansen sind als Vertraute der Kanzlerin nicht zu unterschätzen und deutlich näher an ihr dran als irgendein hochrangiger Politiker, egal ob aus der eigenen Partei oder vom politischen Gegner.

Beate Baumann ist Angela Merkels Büroleiterin. Beide kennen sich bereits aus Merkels Zeit als Frauen- und Jugendministerin, wo Baumann 1991 von Merkel als Referentin eingestellt wurde. Seit dieser Zeit lebt und arbeitet sie an der Seite des ehemaligen Kohl'schen Mädchens. Als Merkel zur Generalsekretärin aufstieg, folgte Beate Baumann ihr als Büroleiterin in die CDU-Zentrale und blieb auch dabei, als der Vorsitz in der CDU und in der CDU/CSU-Bundestagsfraktion folgten.

Baumann stammt aus Osnabrück und damit aus dem gleichen alteingesessenen katholischen CDU-Umfeld, von dem auch beispielsweise der ehemalige Kanzleramts- und Innenminister Rudolf Seiters profitierte, sie ist sogar auf der gleichen Schule wie Seiters gewesen. Loyalität spielt bei dieser Provenienz eine große Rolle. Baumann fungiert offiziell als ihre Assistentin, doch Insider wissen, dass sie gleichzeitig auch eine vertraute Ratgeberin der Bundeskanzlerin ist und somit erheblichen Einfluss auf Merkel hat. Wie wichtig diese Ratgeberin ist, mag man allein schon daran ermessen, dass Beate Baumann gewissermaßen ihre eigene »Abteilung« ist. Denn offiziell läuft das Kanzlerin-Büro als solche. Es besteht in Wahrheit jedoch nur aus einer Person: Beate Baumann ist das Büro, und das Büro ist Beate Baumann. Dieses Büro liegt übrigens nur wenige Meter von dem Merkels entfernt, so dass hier der sprichwörtliche kurze Dienstweg auch in der Realität ein solcher ist und die extrem enge Zusammenarbeit noch betont.

Drittes Mitglied des Triumvirats ist Eva Christiansen, die für alles verantwortlich zeichnet, was das Bild Angela Merkels in der Öffentlichkeit betrifft. Auch sie ist seit mindestens 15 Jahren an der Seite der Kanzlerin. Begonnen hat sie einst als Merkels Parteisprecherin, ab 2002 war sie dann Fraktionssprecherin und übernahm 2005 den Part an Merkels Seite im Kanzleramt. Sie leitet sowohl das Referat »Medienplanung« als auch die Abteilung »Politische Planung«, woraus allein sich die Bedeutung dieser Mitarbeiterin schon erahnen lässt.

Angela Merkel äußert sich nirgendwo in der Öffentlichkeit, ohne dass Eva Christiansen ihre Finger im Spiel hat. Wo und wann Merkel offizielle Statements verlautbart, wird aus dem Hintergrund von Christiansen gesteuert und geplant. Alle wichtigen Reden gehen zuletzt über ihren Schreibtisch.

Voraussetzung für einen solchen Job, und vor allem dafür, ihn derart lange machen zu können, ist vor allem eins: absolute Verschwiegenheit. Christiansen ist eine hochintelligente Frau, die sehr genau weiß, welche Informationen nach draußen gehen dürfen (und sollen!) und welche unter Verschluss zu bleiben haben. Hintergrundgespräche, etwa mit uns Hauptstadtkorrespondenten der ausländischen Medien, gibt es bei ihr nicht oft. Wenn doch einmal eine solche Gelegenheit besteht, nimmt sie zu politischen Fragen kompetent und sehr ausführlich Stellung. Sobald es jedoch um private Belange und persönliche Fragen zur Bundeskanzlerin geht, blockt Christiansen jede Antwort sofort ab. Nichts dringt nach draußen, alles Private bleibt privat, und Angela Merkel weiß genau, dass sie sich darauf verlassen kann.

Baumann und Christiansen sind gewissermaßen der *inner circle* des *inner circle.* Die engsten Vertrauten der Kanzlerin, von denen sie hundertprozentig weiß, dass es keine denkbare Situation gibt, in der auch nur die kleinsten Interna oder nicht autorisierten Informationen nach außen dringen würden.

Dieser kleine Kreis wird sich nach menschlichem Ermessen, solange Merkel Machtpositionen innehat, insbesondere die der Kanzlerin, nicht mehr verändern. Von diesen beiden Menschen weiß sie, dass sie immer in ihrem Interesse handeln werden, ihre Anliegen vertreten und diese außerdem auch so gut kennen, dass sie jederzeit in der Lage sind, ihrer Chefin mit sinnvollen Hinweisen zuzuarbeiten. Merkel würde niemals ohne Not auf die Idee kommen, in diesem engen Machtkreis personelle Experimente zu wagen. Warum auch, wenn es doch so lange so gut funktioniert hat.

Natürlich ist das auch ein Grund, warum in immerhin 12 Jahren Kanzlerschaft so gut wie keine Interna nach außen gedrungen sind. Was weiß man schon über die private Angela Merkel? Nur das Allernötigste, jedoch nichts, worüber es sich für die Boulevardpresse lohnen würde, große Aufmacher zu produzieren. 12 Jahre als Regierungschefin eines solch großen und wichtigen Staates ohne einen einzigen echten Skandal, ohne wilde Gerüchte über private Dinge, das ist fast schon eine kleine Sensation.

Wer Angela Merkel länger beobachtet, kommt schnell zu dem Schluss, dass dies nicht nur an den »Gatekeepern« in ihrem engen Umfeld liegt, sondern auch an der Tatsache, dass sie zwar machtbewusst und machtorientiert handelt, niemals jedoch das an den Tag legt, was man umgangssprachlich als »Machtgeilheit« bezeichnen würde. Sie ist nicht süchtig nach der Macht und nutzt sie nie um ihrer selbst willen. Sie hat, im Gegenteil, immer eine klare Vorstellung davon, was sie mit ihrer Machtfülle anfangen will und zu welchem Nutzen und Gewinn sie sie einsetzen möchte. Damit unterscheidet sie sich grundlegend von den Staatenlenkern in anderen Staaten; als ehemaliger Frankreich-Korrespondent fällt mir beispielsweise besonders der Unterschied zum ehemaligen französischen Präsidenten Nicolas Sarkozy auf. Oder man denke an den neuen amerikanischen Präsidenten. Gibt es Parallelen in der Amtsführung zwischen Donald Trump und Angela Merkel? Eigentlich unvorstellbar.

Merkel lebt ihre Machtfülle immer rational, nie emotional. Das ist deshalb so wichtig, weil es der Hauptgrund dafür ist, dass sie bis heute die Macht erhalten konnte. Auch die Wähler goutieren diese Art der Amtsführung. Zwar wirkt die Kanzlerin dadurch oft unnahbar, doch gilt ihr Verhalten den Bürgern gleichzeitig auch als absolut seriös und vertrauenswürdig. Ein Sigmar Gabriel hätte schon alleine deshalb keine Chance gegen sie gehabt, weil er genau diesen Eindruck nie vermitteln konnte.

Doch ist die Einigelung in solch eine Blase auch nicht ohne Gefahr. Die beschriebene Unnahbarkeit bedingt auch, dass viele in Merkels Umfeld sich ausgeschlossen fühlen. Der innere Kreis scheint ein geschlossenes System zu sein, in dem fernab von Partei, Parlament und Regierungskoalition Pläne geschmiedet werden und die Richtung der Regierungsarbeit bestimmt wird. Zwar gibt sich Angela Merkel gerade bei Parteiveranstaltungen immer sehr nahbar und bodenständig. Ganz aktiv sucht sie bei diesen die Nähe der Parteifreunde, um sich wichtigen Input zu holen und den Puls der Partei zu fühlen. Doch handelt es sich dabei eher um ein Abschöpfen von Informationen und das Einholen eines Stimmungsbildes. Sie würde dem Kreis, bei dem sie sich die Informationen beschafft, niemals deren Bewertung überlassen. Die darauf basierenden wichtigen Entscheidungen werden alle im kleinen Kreis ausgearbeitet.

Neben dem inneren Kreis des Drei-Girls-Camps gibt es noch einige wenige weitere Personen, die man zum engen Umfeld der Kanzlerin zählen muss und die dementsprechend viel Einfluss auf die Entscheidungen in Berlin nehmen.

Vor allem ist da Kanzleramtsminister Peter Altmaier zu nennen, formell etwa auch der Vorgesetzte von Eva Christiansen, was in der Realität jedoch kaum eine Rolle spielen dürfte. Auch bei Altmaier spielt die absolute Loyalität eine große Rolle. Niemals käme er auf die Idee, Merkel öffentlich in den Rücken zu fallen. Altmaier ist Partei- und Merkelsoldat par excellence. Gleichzeitig, und das macht für die Kanzlerin seinen enormen Wert aus, gilt er als ihr ehrlichster Kritiker. Sie vertraut seinem Wort, seiner Kompetenz und seinem Gespür für die Situation. Zudem weiß sie, dass Altmaier ein Mann des Ausgleichs ist und somit der ideale Moderator von Konflikten innerhalb der Partei. Schon als Geschäftsführer der Bundestagsfraktion von CDU/CSU hat er das oft genug bewiesen. Dazu trägt sein gutes Standing auf allen Ebenen bei, er ist nicht nur parteiintern beliebt, sondern kann gleichzeitig auch gut mit den meisten Journalisten. Darüber hinaus gilt er als Twitterkönig in Merkels Team, undenkbar, dass es Tweets von ihm geben könnte, in denen er nicht die Politik seiner Chefin lobt.

Altmaier setzt damit die Tradition der Kanzleramtsminister vor ihm fort, die allesamt vor allem auch die Bedingung erfüllen mussten, dem jeweiligen Kanzler treu ergeben zu sein. Darüber hinaus gilt er seit jeher als Merkel-nah, was zu einigen Beförderungen, sowohl innerhalb der Partei als auch auf Regierungsebene, führte. Als Kanzleramtsminister hat er das höchste Amt neben der Kanzlerin selbst in der Machtzentrale inne, eine Position, für die eben nur sehr wenige in Frage kommen.

Drei weitere Männer sollen an dieser Stelle noch erwähnt werden, weil auch sie auf die eine oder andere Art und Weise zum engsten Kreis gehören und dafür sorgen, dass Angela Merkel tun kann, was sie für notwendig hält.

Einer dieser drei ist Steffen Seibert, der Regierungssprecher. Seibert war früher Journalist, unter anderem Moderator der ZDF-Nachrichtensendungen, und ist zuständig dafür, Merkels Politik in der Öffentlichkeit zu erklären. Merkel schätzt Seibert für seine hundertprozentige Loyalität, mit der er immer und immer wieder geduldig ihr Handeln und ihre Politik nach außen verteidigt und erläutert. Natürlich kann man sich wundern, wie ein der Unabhängigkeit verpflichteter Journalist plötzlich auf einen Posten wechselt, auf dem er sich so eindeutig auf eine politische Seite schlagen muss, aber Seibert schafft es mit seiner ruhigen, umgänglichen Art immer wieder, jegliche Zweifel an seiner Person zu eliminieren. Und Merkel weiß, dass sie ihn nachts um drei wecken könnte, um ihn ihre Standpunkte erklären zu lassen. Er würde es schaffen.

Dann ist da noch Volker Kauder. Der CDU-Fraktionschef ist der Kapitän, der die Bundestagsfraktion stets auf Kurs halten muss. Das ist naturgemäß bei so vielen Abgeordneten keine leichte Aufgabe, die Kauder jedoch mit harter Hand und unbeirrbaren Überzeugungen erledigt. Erstaunlich an dieser Personalie ist bisweilen, dass Kauder eher dem konservativen Flügel der CDU zuzuordnen ist und trotzdem jede Linksdrift der Kanzlerin, von denen sie mittlerweile einige vollzogen hat, mit trägt und vehement nach außen verteidigt. Auch er ist somit ein Muster an Loyalität, der Eigenschaft, die Angela Merkel am meisten bei ihrem engen Umfeld schätzt. Sie weiß, dass Kauder jederzeit seine eigenen Überzeugungen hinten anstellen würde, um die Partei und die Kanzlerin vor Schaden zu schützen.

Diese Haltung vertritt Kauder im Übrigen nicht nur nach außen, sondern auch innerhalb der Partei gilt er als Merkels Speerspitze, um sie gegen Kritiker und Angriffe zu verteidigen. Wenn es parteiintern ungemütlich wird, steht er fest an der Seite seiner Chefin und bringt Abweichler auf Kurs. Trotzdem, und vielleicht macht gerade das neben der Loyalität seinen enormen Wert für Merkel aus, ist bekannt, dass Kauder den Konflikt mit Merkel nicht scheut. So kann er bisweilen auch als Korrektiv wirken, wenn er der Ansicht ist, dass der Kurs leicht justiert werden könnte. Sind jedoch dann die Entscheidungen getroffen und verkündet worden, passt kein Blatt mehr zwischen ihn und die Kanzlerin. Kommunikativ ist Kauder kein Sensibelchen; gibt es Abweichler in der Fraktion, egal ob von den Altgedienten oder bei den jüngeren Mitgliedern, so staucht er diese auch schon mal mit deutlichen Worten zusammen. Da wird nicht lamentiert und groß diskutiert, sondern mit klaren Ansagen wie »einfach mal den Mund halten« operiert. Danach weiß jeder, woran er ist. Sowohl in der Griechenlandkrise als auch hinsichtlich der Flüchtlingsfrage war dieses Vorgehen Kauders häufiger zu beobachten.

Last but not least: Peter Tauber, der Generalsekretär der CDU. Taubers Position ist ein wenig komplizierter als die der bisher Genannten, denn ihn kann man eigentlich nicht als engen Vertrauten der Kanzlerin bezeichnen. Trotzdem hat Merkel für ihn eine wichtige Rolle in der Partei vorgesehen. Er soll ihr Modernisierer sein, ihm traut sie zu, das manchmal schwerfällige alte Ross CDU so zu pflegen, dass es munter in die vor allem digitale Zukunft galoppiert. Denn Tauber gilt als netzaffin, weiß mit der Klaviatur der sozialen Medien zu spielen und diese im Parteisinne zu nutzen. Dass er dabei auch schon mal über das Ziel hinausschießt und alle Kritiker Merkels pauschal als »Arschlöcher« bezeichnet, wird ihm durchaus verziehen, da er für den kontinuierlichen Modernisierungsprozess der CDU eine wichtige Rolle spielt. Auch Tauber zeichnet Loyalität aus, seine eigenen Positionen verblassen stets hinter der Parteilinie.

So ist es letztlich ein kleiner Kreis von Personen, der das System Merkel am Laufen hält und somit im Grunde auch für die Innen- und Außenpolitik Deutschlands eine Rolle spielt, die der Normalbürger und -wähler kaum jemals registriert. Angela Merkels Macht basiert ganz wesentlich darauf, dass sie sich auf diese wenigen Mitarbeiter absolut verlassen kann, und es ist unvorstellbar, dass wichtige Posten wie der Kanzleramtsminister mit Mitarbeitern besetzt würden, die nicht das uneingeschränkte Vertrauen der Kanzlerin genießen. Es ist in dieser Hinsicht auch immer wieder eine gewissen Kontinuität in den Zusammenhängen zu beobachten. So wäre gut vorstellbar, dass der Nachfolger eines Kanzleramtsministers Altmaier Volker Kauder heißen könnte, denn der Fraktionsvorsitzende der CDU ist fast automatisch auch ein heißer Anwärter auf diesen extrem wichtigen Posten neben dem Regierungschef. Sollte also Angela Merkel im September ihre Karriere als Bundeskanzlerin fortsetzen können, wäre das für Kauder sicher eine Laufbahnoption.

Unabhängig von solchen Postenfragen muss man sich diese personellen Hintergründe einfach mal für einen Moment vergegenwärtigen, um zu verstehen, dass auch die Frage einer mutigeren und offensiveren Europapolitik Deutschlands damit zusammenhängt. So flexibel sich Angela Merkel auch mit vielen Positionswechseln im Hinblick auf überkommene Haltungen ihrer Partei gezeigt hat, so unflexibel scheint bisweilen die Einflusssphäre, die sie um sich herum zulässt. Es ist schwer für Außenstehende, in diesen kleinen elitären Machtzirkel einzudringen und abweichende Meinungen wirklich deutlich zu machen. Da zeigt sich ein ganz normales Phänomen, das immer wieder zu beobachten ist, wenn einzelne Menschen sehr lange in Führungspositionen verbleiben. Man denke an Beispiele aus dem Sport, etwa wenn ein Trainer sehr lange ein und dieselbe Fußballmannschaft betreut und in dieser Zeit auch Pokale und Titel gewinnt. Irgendwann wird die Kritik lauter, weil die Mannschaft eingefahren ist, zu wenig gute neue Spieler (oder nicht die richtigen) kommen und sich keine Weiterentwicklung mehr einstellt. Man hält vielleicht noch eine Weile das alte Niveau, weil die Mannschaft eingespielt ist und als Team gut funktioniert. Ein Aufbruch zu neuen Ufern jedoch gelingt nicht mehr, so dass irgendwann die Kritik am Trainer wächst und häufiger über einen Wechsel nachgedacht wird.

Angela Merkel bildet ihre Mannschaft ungerne um, und sie wird aufpassen müssen, dass ihr nicht irgendwann eine gewisse Unflexibilität zum Verhängnis wird. Gerade, um Deutschland international im Hinblick auf die Rolle als Führungsnation in Europa neu und besser aufstellen zu können, braucht es vielleicht auch personell frischen Wind und das Zulassen anderer Meinungen. Hier könnte sich der Machtzirkel bisweilen auch als Problem erweisen.

Die Flüchtlingskrise als Nagelprobe

Einige der Themen, mit denen Angela Merkel ihre Partei und auch die deutsche Gesellschaft immer wieder überrascht und das alte Bild von der konservativen CDU nachhaltig verändert hat, habe ich bereits genannt: Homo-Ehe, Atomausstieg, Kinderbetreuung, Mindestlohn… All das sind jedoch »weiche« Themen im Vergleich zu dem einen seit spätestens Mitte 2015 alles überlagernden Thema der Flüchtlinge.

Die Bilder im TV von tausenden und abertausenden von Menschen aus allen möglichen Teilen der Welt, die auf dem Weg nach Europa, vor allem auch nach Deutschland sind, haben bei der Bevölkerung ganz unterschiedliche Gefühle ausgelöst. Während die Deutschen auf der einen Seite ihr menschliches Gesicht zeigten und die frierenden, ausgehungerten Menschen, die alles bis auf ihr nacktes Leben verloren hatten, freundlich und hilfsbereit empfingen, wuchs auf der anderen Seite bei vielen die Besorgnis in mehrfacher Hinsicht: Wie soll das Land die finanzielle Belastung stemmen? Würden die vielen Menschen aus ganz anderen sozialen und kulturellen Verhältnissen nicht den sozialen Frieden im Land gefährden? Konkret: Wären nicht die vielen Muslime, die mit den Flüchtlingen ins Land kommen, der Grundstock für das, was von Rechtspopulisten immer wieder als »Islamisierung« benannt wird? Und zerstört das nicht die hiesige, christlich geprägte Kultur? Gerade entlang dieser Fragen findet die aktuelle Spaltung in der deutschen Politik und Gesellschaft statt.

Chronologie der Krise – warum alles schon im Oktober 2014 in Rosenheim beginnt

Fälschlicherweise wird immer wieder der 4. September 2015 als der Beginn der Flüchtlingskrise genannt. Jener Tag, an dem Angela Merkel zusammen mit dem österreichischen Kanzler Faymann telefonisch entschieden hat, die Grenzen für die Flüchtlinge, die in Ungarn gestrandet waren, zu öffnen, damit sie den Weg weiter über Österreich nach Deutschland antreten konnten. Das Anschwellen des Flüchtlingsstroms hat sich aber schon lange vorher abgezeichnet. Das zeigt auch, dass die deutsche Regierung unter Führung von Angela Merkel das Problem viel zu lange unterschätzt und nicht aktiv nach Lösungen gesucht hat.

Rückblende. Ein Jahr vorher.

Es ist Anfang Oktober 2014. Wir sind in die bayerische Stadt Rosenheim gereist, wo wir einen Dreh mit der Bundespolizei vereinbart haben. Am Abend vorher erzählt uns einer der Bundespolizisten, dass sie allein bis zu diesem Oktober 2014 entlang der Grenze 5000 Syrer aufgegriffen haben, die illegal nach Deutschland gekommen sind.

Am nächsten Tag nehmen uns die Bundespolizisten mit auf Streife in einem internationalen Zug. Auf dem Kontrollgang entdecken sie in zwei Waggons vier Flüchtlingsfamilien. 18 Erwachsene und vier Kinder aus Syrien sind unterwegs. Vorsichtig kommen wir mit ihnen ins Gespräch, besonders mit einem der Väter namens Amil. Wir fragen ihn, weshalb er denn hier im Zug sitze. Er wolle nach Deutschland, ist seine Antwort, dorthin, wo Frieden herrsche. Weg vom Krieg mit seinen Kindern. Was er denn von Deutschland erwarte? Die Antwort fällt Amil leicht: einfach nur Frieden und Sicherheit für seine Familie.

Amil, seine Kinder sowie die anderen Familien werden von dem Bundespolizisten aus dem Zug genommen und in das

Auffangzentrum für Flüchtlinge nach Rosenheim gebracht. Jeden Tag, jede Stunde, jede Minute, so erzählt man uns, nähmen sie Flüchtlinge aus den Zügen. Doch nicht nur auf der Schiene spielt sich dieses Drama ab, auch aus Lastwagen auf der Autobahn greifen sie immer wieder neue Menschen auf, erzählt uns einer der Bundespolizisten.

Allein an diesem Tag kommen 100 Flüchtlinge in das Auffangzentrum von Rosenheim. Dort werden sie erstmals registriert. Name, Herkunft, Fingerabdruck. Und dann geht es weiter ins Flüchtlingsheim in Rosenheim, das schon zu diesem Zeitpunkt überfüllt ist.

Amil, seine Frau und die beiden Kinder dürfen in Rosenheim bleiben. Die anderen Familien werden mit einem Bus in ein anderes Flüchtlingsheim irgendwo in Deutschland gebracht.

In der Unterkunft in Rosenheim leben inzwischen 2000 Flüchtlinge. Es ist viel zu eng für die vielen Menschen, das bekommen wir mit, obwohl man uns nicht erlaubt, Innenaufnahmen zu machen. Draußen erzählen uns die Flüchtlinge von dramatisch schlechten hygienischen Bedingungen. Einige schlafen sogar lieber draußen. Sie haben sich ihren Schlafsack aus dem Zimmer genommen und ein kleines Lager im angrenzenden Wald aufgebaut. Es ist der erste Tag, an dem mir ganz klar wird: Deutschland ist nicht gerüstet und kann auch nicht gerüstet sein für den sich abzeichnenden riesigen Ansturm von Flüchtlingen.

Am gleichen Abend fahren wir nach München, wo wir den bayerischen Landtagsabgeordneten von der CSU, Martin Neumeyer, treffen. Im bayerischen Parlament ist man sich damals der Problematik sehr wohl bewusst. Die Kommunen, so erzählt Neumeyer uns, würden bereits leer stehende Möbelhäuser, Industriehallen und andere Immobilien suchen und vorbereiten, welche sie für Flüchtlinge bereitstellen könnten. Und dann wettert Neumeyer über die Europäische Union, über die europäischen Partner. Sie ließen Deutschland allein. Italien, Österreich und Frankreich winkten die Flüchtlinge einfach durch, nicht einmal kontrolliert würden diese. Weil sie genau wüssten, dass diese Flüchtlinge nach Deutschland oder Schweden wollten. Dort solle die Polizei dann eben selber schauen, wie sie mit dem Problem umgehe.

Später erinnere ich mich oft an die Worte des bayerischen Landtagsabgeordneten, der von null Solidarität innerhalb der EU gesprochen und damit einen Nerv getroffen hat, weil sich diese Feststellung in Zukunft noch in der ganzen Flüchtlingsthematik bewahrheiten wird.

Internationale Flüchtlingskonferenz Berlin – Oktober 2014

Drei Wochen später, am 28. Oktober 2014, beruft der deutsche Außenminister Frank-Walter Steinmeier in Berlin eine internationale Flüchtlingskonferenz ein. Dort entscheiden die Teilnehmer, die syrischen Nachbarstaaten mit Geld zu unterstützen. Deutschland spricht den Nachbarländern Syriens an diesem Tag 500 Millionen € Soforthilfe zu. Auf dieser Konferenz glaubt man, das Problem des Flüchtlingsansturms mit Geld lösen zu können. Dem Libanon, Jordanien und der Türkei soll einfach Geld zur Verfügung gestellt werden, damit sie die Flüchtlinge dort unter besseren Bedingungen in Lagern unterbringen können. Man ist sich zwar bewusst, dass viele Flüchtlinge nach Europa wollen, weil sie sich dort ein besseres Leben erhoffen, glaubt jedoch zu diesem Zeitpunkt immer noch, dem ganz großen Strom entkommen zu können. Die Schweiz beteiligt sich mit Decken und Militärzelten. Im Anschluss an die Konferenz frage ich den Schweizer Außenminister Didier Burkhalter ob das nicht billige Symbolpolitik und ein Tröpfchen auf den heißen Stein sei. Das möge vielleicht so aussehen, sagt er, aber entscheidend sei, dass man sich einig geworden sei, die Hilfe auf die syrischen Nachbarländer zu konzentrieren. Es ist ein erstes gemeinsames, noch leises Signal aus Europa mit der Botschaft: Man will nicht, dass die Flüchtlinge nach Europa kommen. Man will mit finanzieller Hilfe die Bedingungen in den Flüchtlingslagern in den Nachbarländern Syriens verbessern und die Flüchtlinge so in der Region halten. An diesem Tag glaubt noch niemand, dass nur kurze Zeit später die Menschenströme ungeahnte Ausmaße annehmen und vor allem Deutschland vor fast unlösbare Probleme stellen werden.

Ein Besuch bei Pegida – Dresden, Oktober 2014

Neben der AfD als neuer Kraft in der Parteienlandschaft gibt es weitere Phänomene, die die enorme Sprengkraft zeigen, die gerade die Flüchtlingsfrage für die deutsche Gesellschaft hat. Eines dieser Phänomene ist die Pegida-Bewegung

Es war ein kühler Herbsttag, und ich war mit meinem Team auf dem Weg nach Dresden. Wir waren neugierig auf ein Phänomen, das wie aus dem Nichts emporgekommen und ins Zentrum der allgemeinen Aufmerksamkeit sowohl der Bevölkerung als auch der Politik gerückt war. Pegida nannte sich dieses Phänomen: Patriotische Europäer gegen die Islamisierung des Abendlandes. Ein sperriger und merkwürdiger Name für eine Bewegung, doch die Abkürzung hatte sich innerhalb kürzester Zeit eingebrannt. Pegida gab es zum Zeitpunkt unserer Reise noch nicht lange, doch die Bewegung hatte innerhalb von ein paar Wochen Deutschland in Aufruhr versetzt.

Unsere erste Station war die vierfache Mutter Ines Thesen, die uns einen freundlichen Empfang bereitete und diesen auch gleich begründete: Wir seien als Schweizer Fernsehteam sicher anders als all die deutschen Journalisten, eine Feststellung, die ich häufig höre, nicht zuletzt auch bei der bereits beschriebenen Podiumsdiskussion in Hamburg. Deutsche Journalisten seien immer nur darauf aus, die Bewegung und diejenigen, die sich ihr angeschlossen hätten, zu verteufeln. Auch das Wort von den »besorgten Bürgern« fiel, sie gehöre dazu, ihre Freundin auch und noch andere aus ihrem Bekanntenkreis.

Die Journalisten in Deutschland steckten sowieso mit den Mächtigen unter einer Decke, war sie sich sicher. Die Regierung, der Bundestag, Angela Merkel, ZDF, ARD, Bild-Zeitung und andere Medien – für Menschen wie Ines Thesen gehört das alles zusammen. Für sie und die anderen, welche zwei Stunden nach unserem Besuch vor der Dresdener Semperoper demonstrierten, sind Politiker und Journalisten »die da oben«, während sie und ihre Bekannten »die da unten« sind, der sprichwörtliche »kleine Mann«, mit dem die Mächtigen machen, was sie wollen.

Die Dresdnerin war der festen Überzeugung, dass »die da oben« im Moment so ziemlich alles zuließen oder sogar noch beschleunigten, was »denen da unten« schon bald etwas, vieles oder alles wegnehmen werde: die Globalisierung. Die Flüchtlinge. Die Muslime. Die Menschen haben Angst, dass es nicht mehr so sein wird, wie sie es sich in den letzten 25 Jahren nach der Wende aufgebaut haben. Da ist das schöne Reihenhäuschen in Dresden. Die moderne Küche. Der Garten mit den selbst bemalten Möbeln, ein Segeltuch drüber, zum Schutz vor dem Regen. Die Möbel und der Rest der Einrichtung, die ganzen Farben, alles ist im skandinavischen Stil gehalten. Es ist sehr heimelig. Und es riecht nach frischgebackenem Kuchen. Hier fühlen sie sich wohl – ihr Mann, die vier Kinder. Es ist der wahr gewordene Lebenstraum, dessen Erfüllung vor 30 Jahren im Osten unvorstellbar schien. Wie hätte das jemals klappen sollen in der DDR?

Nach der Wende, so erzählte die Dresdnerin uns, hätten sie hart dafür gearbeitet. Zwar hätten die aus dem Westen, die aus der BRD und der EU, ihnen neue Straßen und andere Infrastruktur gebaut. Aber dieses Heim hier, das sei doch ihr eigenes Werk, das hätten sie sich vom Munde abgespart und mit harter Arbeit errichtet. Sie und ihr Mann, mit den vier Kindern. Unzählige Stunden hatte sie neben der Arbeit als Krankenschwester investiert. Fast alles in der Freizeit errichtet und schön gemacht. Hart erarbeitet.

Was ich während unseres Gesprächs ganz deutlich spürte: Wer so viel investiert und sich etwas Schönes errichtet und aufgebaut hat, in dem er lebt und wo er sich jetzt endlich wohl fühlt, der sehnt sich nicht in erster Linie nach Besserem. Der kämpft auch nicht für relativ abstrakte Werte, wie mehr Gleichheit, Freiheit oder soziale Gerechtigkeit. Nein, viele dieser Menschen haben einfach nur Angst, das wieder zu verlieren, was sie erreicht haben. Vielleicht ist gerade deshalb Pegida im Osten entstanden und hat viel mehr Aufmerksamkeit auf sich gezogen als im Westen. Die Erfahrung eines relativen Wohlstands, einer sozialen Sicherheit, steht hier auf viel wackligeren Füßen als in der alten Bundesrepublik, wo über 40 Jahre Frieden, Freiheit und Wohlstand für ein viel größeres Gefühl der Sicherheit gesorgt haben.

Ines Thesen hatte eine Flagge gemalt. Darauf war ein Fisch als Symbol für das Christentum dargestellt, das sich gegen die Islamisierung zu wehren habe. Mit dieser Flagge, so sagte sie uns nicht ohne einen gewissen Stolz in der Stimme, wolle sie an diesem Abend losziehen.

Ich stellte mir vor, wie sie ihre kleine Fisch-Flagge zu den Parolen von Lutz Bachmann und Tatjana Festerling schwenken würde. Wie sie mit tausenden anderen Menschen den Dingen lauschen würde, die die Pegida-Frontleute und andere Redner noch ein bisschen deutlicher und schärfer und lauter ins Mikrophon schrien, als sie mir das vorher bei sich zuhause im Interview erzählt hatte.

Es ist eine diffuse Angst vor Verlust, die die Menschen an diesem kühlen Herbstabend in Dresden auf die Straße treibt. Die Angst vor der Veränderung. Und diese Veränderung, so sind sie sich sicher, wird kommen, wenn man die da in Brüssel machen lässt. Diese EU-Bürokraten, die doch gar nicht wissen können, welches hier in Dresden ihr Lieblingsgericht ist. Dass diese Veränderung kommt, so erzählen sie uns, das liegt daran, dass man so viele Muslime ins Land lässt, die ihre Frauen unterdrücken und kein Schweinefleisch essen.

Ich achte auf die Körpersprache und sehe, wie vielen meiner Interviewpartner die Halsadern anschwellen, wenn sie nicht mehr aus dem Kopf, sondern aus dem Bauch heraus reden. Wenn dann die ganze Wut hochkommt. Sie haben im wahrsten Sinne des Wortes »einen dicken Hals«.

Während sie weiterlaufen, schreien sie unentwegt die alte, aus der Wendezeit heiß geliebte Parole: »Wir sind das Volk!« Dieses »Wir«, das sind eben »die da unten«. »Merkel muss weg!«, schreien sie noch lauter, denn Merkel, die vor allem, das ist »die da oben«, der Inbegriff dessen, was sie ablehnen und von dem sie sich verraten fühlen. Sie und ein weiteres Feindbild, nämlich die »etablierten Parteien«, womit vor allem CDU und SPD gemeint sind, aber sicher auch Grüne, FDP. Aber vor allem die beiden großen Parteien in der GroKo, die in Berlin an der Macht sind. Gleichzeitig meinen sie damit aber auch die Medien. Das Establishement der Abgehobenen, die das Volk nicht mehr verstehen. »Volksverräter!!!«, die ihre Werte verraten und dafür verantwortlich sein werden, wenn auf der Dresdener Frauenkirche bald nicht mehr ein Kreuz, sondern eine Sichel und ein Mond zu sehen sein sollten.

Es ist irgendwie ein wenig gruselig, doch ich muss auch zugestehen: Es sind echte Sorgen und Ängste, die ich bei diesen Menschen auf der Straße herausspüre. Sehr ernste. Man müsse sie ernst nehmen, höre ich auch in Berlin im Bundestag immer wieder. Und das tun sie auch, die etablierten Parteien. Und die anderen.

Auch die Pegida-Gründer Bachmann und Co nehmen diese Ängste ernst, genauso wie die AfD. Aber diese nehmen sie eben nicht nur ernst, diese Ängste, nein, sie schüren diese ganz bewusst. Sie verstärken diese Ängste, malen alles noch viel schwärzer. Wenn dieses und jenes passiert, dann wird es dazu kommen, dass ... Und dann würden ... In dieses brennende Gefühl der Angst der besorgten Bürger fließen diese Worte wie Benzin. Es ist ein billiges und einfaches Rezept, das da verwendet wird. Eines, das überall seine Wirkung zeigt und den Rechtspopulisten in so vielen Orten in Deutschland, aber auch sonst in Europa und in der Welt die Obhut, die Herrschaft und Dominanz über Themen wie Zuwanderung, Integration und Religion geben soll.

Und die Flüchtlinge? Erlebnisse in Deggendorf im August 2015

Es ist schwül an diesem 11. August 2015. Zusammen mit meinem Kameramann bin ich aus Berlin nach München geflogen. Von da aus haben wir uns in die kleine Kreisstadt Deggendorf an der deutsch-tschechischen Grenze begeben. Es ist früh am Morgen und wir stehen vor der Polizeikaserne. Rundherum sieht man ein weitläufiges Areal, auf dem sich große alte Häuser mit Schrägdächern befinden. Die Ziegelbauten sehen aus wie alte Kriegskrankenhäuser, tatsächlich jedoch befinden sich in diesen Kasernen die Schlaf- und Ausbildungsstätten der bayrischen Polizeiaspiranten.

Wegen des großen Andrangs von Flüchtlingen, die über die Balkanroute von Tschechien nach Deutschland kommen, wurde ein Teil des Areals zum provisorischen Erstaufnahmezentrum für Flüchtlinge gemacht. Vor unserem Besuch kamen hier innerhalb einer Woche 4600 Flüchtlinge an, und am Nachmittag hat sich der deutsche Innenminister Thomas de Maizière angekündigt, um sich sein Bild von der Lage in Bayern zu machen. Natürlich ist solch ein Auftritt auch sehr medienwirksam, kann der Minister doch damit zeigen, dass die Behörden auf die steigende Zahl derer, die da kommen, reagieren. Dass sie versuchen, die Ordnung aufrechtzuerhalten, indem sie eben solche Aufnahmezentren errichten, um die Flüchtlinge bei ihrer Einreise zu registrieren.

Die deutsche Presse hatte zuvor nur vereinzelt über die zunehmende Zahl von Flüchtlingen berichtet, die sich auf dieser beschwerlichen Route befinden, um irgendwann Asyl in Deutschland bekommen zu können. Allerdings war dieses Thema noch nicht seitenfüllend gewesen, hatte noch nicht die Nachrichtensendungen dominiert und auch nicht den Alltag aller damit Beschäftigten rundum bestimmt. Das jedoch sollte sich von diesem Tag an ändern.

Als wir die Barriere beim Eingang der Polizeikaserne erreichen, bittet uns ein junger Polizist, noch kurz zu warten, bevor er uns aufs Areal lasse. Ein Mann steht bei ihm, dem Anschein nach aus Syrien. Er gestikuliert und weint, versucht in gebrochenem Englisch zu erklären, dass er seine Frau und seine dreijährige Tochter zu erreichen versuche. Seit Tagen schon. Vergebens. Er sei vor zwei Wochen von zuhause losgezogen. Übers Meer nach Europa, um sich hier zu registrieren und dann Frau und Kind nachzuholen. Seit zehn Tagen habe er aber keinen Kontakt mehr zu ihnen. Er fleht den Polizisten an, ob dieser ihm nicht helfen könne. »Please help me!«, schreit er immer wieder in den warmen Sommermorgen, und die pure Verzweiflung ist ihm deutlich anzumerken. Deutlicher könnten wir es nicht vor uns sehen: Das Leid des Krieges im fernen

Syrien ist in der bayerischen Idylle angekommen. Der Polizist steht hilflos neben dem verzweifelten Mann und ist sichtlich froh, als eine Kollegin dazukommt. Diese legt dem Syrer tröstend den Arm um die Schulter und führt ihn zurück aufs Kasernenareal.

Wir sind jetzt auch auf dem Gelände und werden von einem Polizisten zu einer Turnhalle mitgenommen. Am Eingang beobachten wir, wie Gruppen von je zwanzig Menschen in Zweierkolonnen in die Halle geführt werden. Einige Gruppen bestehen nur aus Männern. In anderen gibt es auch Frauen und Kinder. Polizisten mit Plastikhandschuhen flankieren sie. Die Ankommenden wirken müde und ausgelaugt. Der Weg übers Meer und den Balkan bis nach Deutschland hat Spuren in ihren Gesichtern hinterlassen, viele von ihnen sind wochenlang unterwegs gewesen und können kaum fassen, dass sie es bis hierher geschafft haben. Die Polizisten bringen sie in die riesige Turnhalle. Auf dem Boden liegen hunderte Gymnastikmatten. Viele sind schon belegt, Frauen und Männer sitzen oder liegen darauf, daneben krabbeln und spielen Kinder.

Ein Polizist bittet mich, zur Seite zu treten. Neben ihm steht eine vierköpfige Familie. Ein Mann, eine Frau und ihre beiden Kinder, die eine Plastiktüte mit Kleidern dabeihaben. »Aus Syrien«, sagt mir der Polizist. Ich höre das Mitleid in seinen Worten. Die Kinder – der Junge schätzungsweise fünf Jahre alt und das Mädchen zwei Jahre jünger – halten und drücken ganz fest ihre Plüschtierchen. Der Junge einen kleinen Bären. Das Mädchen ein Pony, von dem man nur noch ahnen kann, dass es einmal weiß gewesen sein muss. Offenbar sind diese wenigen Habseligkeiten alles, was ihnen der Krieg in ihrer Heimat gelassen hat, als sie von dort weggingen.

Der Polizist bringt die Familie zu einer Gymnastikmatte. Eine Matte in einer deutschen Turnhalle muss für die nächste Zeit das syrische Zuhause ersetzen. Ein ganzes Familienleben ist vom Krieg entwurzelt worden. Vier Menschen, die einmal eine glückliche Familie waren, hat es auf ihrer abenteuerlichen Flucht in ein Land verschlagen, das sie kein bisschen kennen und dessen Sprache sie nicht einmal ansatzweise sprechen. Ein ganzes Familienleben hat von heute auf morgen jeden Plan und jede Perspektive verloren, ist gestrandet auf einer blauen Gymnastikmatte. Die Szene geht mir nah, es fällt in solchen Momenten schwer, den üblichen professionellen journalistischen Abstand zu wahren und die Ereignisse nicht an sich herankommen zu lassen. »Verfluchter Krieg«, sage ich zu meinem Kameramann und denke an meine Kinder, die in diesem Moment wohlbehütet mit ihren Freunden und Freundinnen in ihren Klassenzimmern sitzen.

Um 15 Uhr hören wir draußen den Hubschrauber, der deutsche Innenminister fliegt ein. Er schaut sich kurz in der Turnhalle um und geht dann weiter in ein anderes Gebäude, vor dem draußen rund 1000 Flüchtlinge warten, bis sie aufgerufen werden. Alle haben ein Bändchen um den Arm mit einer Nummer. Drinnen warten fünf verschiedene Posten auf sie. Namensregistrierung. Fingerabdrücke. Fotos. Berufs- und Ausbildungsfragen. Und schließlich die Entscheid-Behörde, welche die Menschen den einzelnen Flüchtlingsheimen in der Umgebung zuteilt.

Was uns sofort auffällt: Thomas de Maizière spricht mit Polizisten und mit den Behördenvertretern, jedoch kaum mit den Flüchtlingen. Schnell wird klar, wen er mit diesem Besuch medienwirksam ansprechen und unterstützen will. Es sind die Polizisten und Behörden, die seinem Ministerium unterstehen und bei denen man nun langsam merkt, dass sie durch die rasante Zunahme von Ankommenden immer mehr an ihre Grenzen stoßen.

De Maizière wirkt in seinen Aussagen oft kalt und streng. Aber er ist nicht gefühlskalt. Ich habe ihn schon ganz persönlich und herzlich erlebt, als wir ihn in Berlin für einen Beitrag über seine einzigartige Familiengeschichte interviewt haben. Ein herzliches Interview, in dem er über die zu DDR-Zeiten gespaltene Familie erzählt hat. Über getrennte Familien und Kinder.

Doch er ist auch Profi und weiß, wann er welchen Eindruck vermitteln muss. An diesem Tag, das sehen wir ganz klar, geht es um Haltung für die deutsche Bevölkerung, die sich langsam wegen all der Flüchtlinge Sorgen zu machen beginnt. Diesen Menschen, das spürt der Minister, muss er heute leider beunruhigende Neuigkeiten erzählen.

Um 16 Uhr tritt er vor die Presse. Er spricht zunächst von den großartigen Leistungen der Polizisten. Von der gut organisierten provisorischen Erstaufnahme. Doch dann geht es ans Eingemachte, an die konkreten Zahlen. De Maizière erklärt, dass man im deutschen Innenministerium die Zahl der erwarteten Flüchtlinge, welche 2015 nach Deutschland kommen werden, stark nach oben korrigieren müsse. 2014 seien es 200 000 Menschen gewesen. Für 2015 sei man bislang von einer Verdoppelung ausgegangen, habe also mit 400 000 Menschen gerechnet. Nun jedoch lasse sich auch diese Zahl nicht mehr halten. Man spürt, dass der Minister es nicht gerne sagt, aber er muss es sagen:

»Ich muss die deutsche Öffentlichkeit darauf einstellen, dass die Zahl der nach Deutschland kommenden Flüchtlinge erheblich höher sein wird, als wir sie bisher eingeschätzt haben.«

»Wir sind gefordert«, sagt de Maizière zum Schluss seiner kurzen Pressekonferenz auf dem Kasernenareal, »aber nicht überfordert«.

Wir berichten an diesem Abend sehr ausführlich in der Schweizer Tagesschau. Versuchen die nackten Zahlen einzuordnen, erzählen aber auch vom Schicksal der syrischen Familie, um diesen Zahlen Gesichter zu geben. Um zu zeigen, dass hinter jeder Zahl ganz viele individuelle Geschichten stehen. Die Bilder, die wir an diesem Tag senden, sind Bilder, die bleiben und die traurig machen.

Fünf Tage später konkretisiert das Bundesinnenministerium die Ankündigung von Deggendorf. Thomas de Maizière teilt am Morgen in Berlin mit, man gehe nun nicht mehr von 400 000, sondern von bis zu 800 000 ankommenden Flüchtlingen aus. Eine erneute Verdoppelung der bisherigen offiziellen Zahlen also.

Diese Aussage schlägt wie eine Bombe ins mediale Sommerloch ein. Innerhalb weniger Minuten und Stunden verbreitet sich die neue Zahl in den Online-Medien und den TV-Nachrichtensendungen übers ganze Land. Bis am Abend dürfte fast jedem in Deutschland klar sein, dass eine gewaltige Herausforderung auf das Land und die Menschen in diesem Land zukommt. Und es sind Zahlen, die mich schon zu diesem Zeitpunkt vermuten lassen, dass es politisch und gesellschaftlich bald nicht mehr ganz so ruhig sein wird wie in den Monaten und Jahren zuvor mit der mehr oder weniger ruhig und harmonisch arbeitenden Großen Koalition um Kanzlerin Merkel.

Oderberg, September 2015

Im August 2015 korrigierte die deutsche Regierung die Flüchtlingszahlen also erstmals nach oben. Der Ansturm der Flüchtlinge auf Deutschland bedeutet für viele kleine Orte und Dörfer, dass sie Zuwachs bekommen. Zuwachs von Fremden. Von Menschen aus einer anderen Kultur und mit einer anderen Religion. Eines dieser Dörfer, die diesen Zuwachs jetzt ganz kurzfristig stemmen müssen, ist Oderberg, ein kleiner verträumter Ort in Brandenburg.

2000 Einwohner leben hier, ihr Dorf grenzt direkt an den Oderkanal und hat sich über die Jahre zu einem wunderschönen Ort gemausert, schön hergerichtet mit West- und EU-Geldern, wie so viele Dörfer und Kleinstädte im Osten Deutschlands.

Wir haben frühmorgens einen Termin mit der Leiterin des neu gebauten Flüchtlingsheims. Es riecht noch nach Farbe und nach dem Holz der neuen Möbel. Draußen zwitschern die Vögel, man hört kaum Straßenlärm und auf dem Oderkanal fahren ein paar Schiffe. Es ist ein Idyll, in das nun die Fremden aufgenommen werden sollen. 150 Flüchtlinge sind hier in den letzten drei Wochen ins neue Flüchtlingsheim gekommen. Der Ausländeranteil in Oderberg lag vorher bei 0,0 Prozent, überhaupt kommen Fremde hier nur dann her, wenn sie aus einem der vorbeifahrenden Schiffe aussteigen. Dann bleiben sie eine oder höchstens zwei Stunden, um sich den kleinen historischen Dorfkern anzuschauen oder sich einfach ein bisschen die Füße zu vertreten. Manchmal sieht man einige von ihnen den idyllischen Kanal entlangflanieren. Diese Fremden bleiben nicht lange und bringen außerdem ein wenig Umsatz in die Dorfgastronomie. Wie lange die Neuen bleiben werden, weiß zu diesem Zeitpunkt noch niemand.

Ob es denn klug sei, so viele Flüchtlinge in ein kleines Dorf zu bringen, fragen wir die Leiterin des Flüchtlingsheimes. Sie erzählt von der Ruhe, welche diese Menschen jetzt brauchen nach ihrer Flucht. Nach ihrem Leben in diesem fürchterlichen Krieg. Genau diese Ruhe würden sie hier in der ländlichen Idylle des Dorfes finden. Das Flüchtlingsheim wurde in Rekordzeit aufgebaut. Es gibt Zweier- und Vierer-Zimmer sowie Familienzimmer. Dazu einen schönen Spielplatz mit Garten und Gemeinschaftsküchen.

Die Vize-Bürgermeisterin Jana Nike sagt uns sehr ehrlich, das Dorf sei überrumpelt worden und jetzt überfordert. Die Kommune habe kein Mitspracherecht gehabt, sondern die Veränderungen seien einfach von Berlin aus befohlen worden.

Man habe ihnen dieses Flüchtlingsheim »aufgedrückt«, wie einen Stempel auf ein Blatt Papier. Und sie erzählt weiter: Für 150 kriegstraumatisierte Bewohner fehle hier einfach die Infrastruktur, es gebe im Dorf keinen Arzt, keinen Rechtsanwalt, und auch sonst sei man nicht gerüstet für 150 neue Bewohner, welche diese Kultur, diesen Ort und die Lebensgewohnheiten der Menschen nicht kennen.

Einer der Flüchtlinge erzählt uns dann jedoch, dass er sich hier im Flüchtlingsheim wohl fühle. Allerdings traue er sich fast nicht ins Zentrum des Dorfes zu gehen, weil die Leute ihn so komisch anschauten. Er sehe nun mal anders aus als sie. Man spüre es an den Blicken der Menschen, ob man irgendwo erwünscht sei oder nicht.

In der kleinen Dorfstraße warten wir mit unserer Kamera und halten Ausschau nach Dorfbewohnern. Diese wollen jedoch nicht sprechen, sie gehen uns aus dem Weg, wenn sie die Kamera sehen. Erst als wir sagen, dass wir vom Schweizer Fernsehen sind, sind sie bereit, etwas zu sagen, da man das, was sie jetzt gleich sagen werden, in Deutschland ja nicht sehen kann.

Ein alter Mann sagt uns, dass es einfach zu viele seien. Dass Oderberg doch viel zu klein sei für diese 150 neuen Menschen. Wir fragen eine Frau, die vorbeikommt, und sie sagt uns, dass diese Menschen ein viel besseres Zuhause hätten als sie und als viele andere Dorfbewohner. Das sei einfach nicht gerecht. Am Ende sagt uns von zehn Dorfbewohnern nur einer, dass es in Ordnung sei, diese Menschen hier aufzunehmen. Weil sie Zuflucht brauchen und kein Zuhause mehr haben aufgrund dieses grausamen Krieges.

Dann fahren wir weiter. Einen Kilometer außerhalb des Dorfes Oderberg machen wir Halt in einem Restaurant. Zwei Frauen führen den Laden, der optisch wirkt, wie man sich solch einen kleinen Provinzgasthof vorstellt: Tischtücher mit Blumenmuster, grüner Kunstrasen auf dem Terrassenboden, der direkt an die Straße grenzt. Der selbstgemachte Kuchen kostet 1,20 € das Stück, viel Kundschaft gibt es augenscheinlich nicht. Ein paar Fahrradfahrer nur, manche machen kurz Halt und essen etwas. Oder Touristen, die von einem Kreuzfahrtschiff kurz hier absteigen, um gleich wieder weiterzuziehen. Und offenbar ist das Restaurant auch ein Treffpunkt von Motorradfahrern und von solchen, die der rechten Szene angehören, so erzählt man uns später.

Die beiden Inhaberinnen wettern gegen die Flüchtlinge, die hier nun wie die Maden im Speck leben würden. Alles bekämen die in den Hintern geschoben, einer sei sogar schon mal hier gewesen und habe mit einem 100-Euro-Schein bezahlt. Die würden mehr bekommen, als sie hier in einem Monat verdienten. 325 € für jeden, ohne dass sie irgendwas dafür tun müssten. Und eine schöne Unterkunft habe man für sie auch noch gebaut. Das könne nicht gut gehen, erzählt die andere. Die Jungs, sagt sie, und damit meint sie wohl die von der rechten Szene, hätten ihr gesagt, es werde noch richtig knallen. Da können wir uns noch auf was gefasst machen, meint sie. Wir würden uns alle noch wundern. Während sie uns das erzählt, lächelt sie.

Bis zu diesem Tag gab es in Deutschland zwischen 2014 und 2015 insgesamt elf Brandanschläge auf Flüchtlingsheime. Bis Ende 2015 sind es mehr als 200. Eine Zahl, die sich im Jahr 2016 noch vervierfacht hat. Die Frau sollte leider Recht behalten, man wundert sich tatsächlich. Darüber, wie viel Gewaltbereitschaft diese Situation hervorkitzelt.

Zwischen Willkommenskultur und Pegida

Diese kleinen Reportagen zeigen recht deutlich, zwischen welchen weit voneinander entfernt stehenden Polen sich das Land derzeit zu verorten sucht. Je mehr Berichte man in den unterschiedlichen Medien sieht, liest und hört, desto stärker drängt sich der Eindruck auf, dass es nur die Extreme zu geben scheint. Auf der einen Seite eine Willkommenskultur, die jede Diskussion über Zuwanderungssteuerung und die Probleme bei der Bewältigung der Aufgaben als populistisch oder gar rassistisch brandmarkt. Und auf der anderen Seite ein erstarkender rechter Rand der Gesellschaft, der die Gelegenheit nutzt, die schon lange vorhandenen Vorurteile gegen Ausländer, Muslime und die deutsche Regierung lautstark in die Öffentlichkeit zu tragen.

Natürlich gibt es zwischen diesen beiden Polen viele diskussionswürdige Positionen, und es gibt auch Menschen, die sich mit diesen Positionen auseinandersetzen. Allerdings dringen sie kaum durch angesichts der Lautstärke und Vehemenz, mit der die Diskussion allerorten geführt wird. In sozialen Medien beschimpfen sich einander wildfremde Menschen aufs Übelste, jeder unterstellt dem anderen nur das Schlimmste, und nicht selten hat man das Gefühl, dass die Kontrahenten, stünden sie sich real gegenüber, mit Waffengewalt aufeinander losgehen würden.

Politiker wie Stegner mit seiner Publikumsbeschimpfung oder Höcke mit einer an unselige deutsche Zeiten erinnernden Rhetorik bei seinen Reden sind nur der weithin sichtbare Ausdruck dieser Spaltung der deutschen Gesellschaft.

Die Regierung mit Angela Merkel an der Spitze tut gut daran, diese Spaltung ernst zu nehmen. Bisher wird man das Gefühl nicht los, dass man in Berlin immer noch hofft, bis zur Bundestagswahl über die Runden zu kommen, indem man die Probleme kleinredet. Die mittlerweile gesunkenen Flüchtlingszahlen mögen da ein Übriges tun, denn nun hat man ja den Beweis, dass alles gar nicht so schlimm ist.

Was dabei jedoch unterschätzt wird, ist die Tatsache, dass die Gräben im Land offen bleiben und dabei zumindest zum

Teil immer tiefer zu werden scheinen. Auch wenn man mit Statistiken vorsichtig sein soll, so zeigt doch ein Blick in die Ergebnisse regelmäßiger Umfragen großer Meinungsforschungsinstitute, wie sich die Stimmung im Land und vor allem auch die Haltung zu Angela Merkel mit Beginn der Flüchtlingskrise verändert hat. Und vor allem zeigt dieser Blick auch, dass diese Haltung bis heute bestehen bleibt und somit auch die Gemütslage in der Bevölkerung im Jahr der Bundestagswahl prägt.

Da ist zum einen die so genannte »Sonntagsfrage«. Hier wird regelmäßig abgefragt, wen die Bundesbürger wählen würden, wenn am kommenden Sonntag Bundestagswahl wäre. Ein Blick auf die Zahlen zeigt sehr deutlich, dass kein anderes Ereignis so einschneidende Veränderungen nach sich gezogen hat wie der Beginn der Flüchtlingskrise im Spätsommer und Herbst 2015.

Deutlich sieht man, dass das alleinige Aufkommen der Protestpartei AfD nicht der Grund sein kann, warum sich die Zahlen derzeit für die regierenden Parteien so brisant darstellen. Die AfD gibt es bereits seit 2013, und ihre damaligen Hauptthemen, der Euro und die Europapolitik, haben zwar einen gewissen Prozentsatz der Deutschen berührt, doch die Werte für die Regierung nicht ernsthaft beschädigt. Im Januar 2014 lag die CDU bei der Sonntagsfrage zwischen 41 Prozent bei Infratest Dimap und sogar 43 Prozent bei der Forschungsgruppe Wahlen.

Gleichzeitig kann man sich die persönliche Bewertung der Kanzlerin anschauen. Infratest Dimap fragt hier nach der »Politikerzufriedenheit« und misst diese in Prozentwerten. Dort sieht man in der Statistik im Januar 2014 einen Wert von knapp unter 70 Prozent, der sich fortan sogar noch steigert und mit 74 Prozent Anfang September 2014 den höchsten Ausschlag auf der Skala zeigt.

Ähnlich sieht es bei der Forschungsgruppe Wahlen aus, die eine »Bewertung nach Sympathie und Leistung« abfragt und mit einer Skala von +5 bis –5 arbeitet. Angela Merkel startet hier im Januar 2014 mit einem Wert von 2,6 und hält diesen lange Zeit stabil, den höchsten Ausschlag zeigt die Kurve im Juli 2014 sowie im März 2015, als die Zustimmung auf einen Wert von 2,8 klettert.

In allen drei Rankings beginnt der rasante Abstieg dann urplötzlich im September 2015, also unmittelbar, nachdem der Flüchtlingsstrom über die Balkanroute in einem Maße anschwoll, den vorher alle für unvorstellbar gehalten hatten. Und unmittelbar, nachdem der deutsche Innenminister die prognostizierten Flüchtlingszahlen mal eben mit einem Handstreich um 100 Prozent nach oben korrigierte und auf jener bereits beschriebenen Pressekonferenz im bayerischen Flüchtlingslager Deggendorf von 400 000 auf 800 000 verdoppelte.

Vor allem die Beliebtheitswerte der Kanzlerin fallen quasi von heute auf morgen ins Bodenlose. Von 2,4 am 11.9.15 geht es direkt auf 1,9 am 25.9. und dann immer weiter runter, bis am 22.4.16 mit 0,9 der vorläufige Tiefpunkt erreicht ist. Die Infratest Dimap-Zahlen sehen ähnlich aus: Am 3.9.15 ist die Zustimmung noch bei 63 Prozent, während sie bei der nächsten Abfrage am 1.10. volle neun Prozentpunkte darunter bei nur noch 54 Prozent liegt. Von da geht es weiter runter bis auf einen Tiefststand von 45 Prozent am 1.9.16.

In beiden Rankings hatte sich die Kanzlerin bei Redaktionsschluss dieses Buches im Januar 2017 wieder leicht erholt, 1,8 in der Sympathiebewertung und 56 Prozent in der Beliebtheit zeigen einen deutlichen Aufwärtstrend, der allerdings auch so etwas wie eine Ruhe vor dem Sturm widerspiegelt. Um die Jahreswende hatte sich die unmittelbare Flüchtlingsdiskussion aufgrund verhältnismäßig niedriger Zahlen von Neuankömmlingen etwas beruhigt und schlug eher punktuell wieder höhere

Wellen, etwa nach dem Anschlag auf den Berliner Weihnachtsmarkt kurz vor Weihnachten oder den erneut kritischen Ereignissen in verschiedenen Städten in der Silvesternacht.

Parallel zu den Beliebtheitswerten der Kanzlerin musste die Wahlprognose für die CDU/CSU immer weiter nach unten korrigiert werden. Schien ein Wert von klar über 40 Prozent bis Mitte 2015 unumstößlich, so rutschte der Wert im Laufe des Jahres 2016 immer weiter in Richtung der 30-Prozent-Marke. Die Forschungsgruppe Wahlen kam für mehrere Monate (April, Mai, Juni, September, Oktober) lediglich noch auf 33 Prozent, und bis zum Januar zeigte sich nur eine leichte Erholung auf 36 Prozent. Bei Infratest Dimap ging es im Juni gar bis auf 31 Prozent runter, während der Januar 2017 immerhin 37 Prozent prognostiziert.

Was diese Zahlen belegen, ist ein Absturz Merkels und der CDU/CSU in der Gunst der Bevölkerung und der Wähler, der eindeutig mit dem Aufkommen der Flüchtlingskrise und deren aggressiver Thematisierung vor allem durch die AfD korreliert. Hier hat sich ein Thema herauskristallisiert, das offenbar nicht die Abstraktheit hat, die für viele politische Themen gilt, die sich deshalb nur minimal auf die abgefragten Werte auswirken.

Deutlich wird das, wenn man die beiden großen Themen der AfD als Folie hinter die Zahlen legt. Angetreten ist die Partei mit einer deutlichen Kritik am Euro bzw. an der europäischen Währungspolitik. Anlass war vor allem auch die Griechenlandkrise, in der viele Bürger das Gefühl nicht loswurden, deutsches Steuergeld werde statt für Bildung und Soziales im Inneren dafür verwendet, wankende Banken zu retten und einen nicht minder wankenden griechischen Staat vor der Pleite zu bewahren.

Das Thema Griechenlandkrise und Eurorettung hat zwar einen gewissen Prozentsatz der Bevölkerung aufgeregt und dazu bewogen, nach politischen Alternativen zu suchen, gleichwohl war und ist es für viele Menschen, wie vieles aus der Welt der Ökonomie, vergleichsweise abstrakt. So wie man dem Sprichwort nach »über Geld nicht spricht«, so verdrängten auch viele Wähler die komplizierte Materie und hofften, dass es schon nicht zu Nachteilen für ihre Ersparnisse kommen werde. Die politischen Entscheidungen Angela Merkels, so hart sie bisweilen auch kritisiert wurden, taten ein Übriges, um die Krise nicht zur Katastrophe werden zu lassen.

Die Veränderung der Umfragewerte und auch der Wahlergebnisse der letzten Landtagswahlen haben offengelegt, dass in der Flüchtlingsfrage sehr viel mehr politischer Sprengstoff steckt. Es bedurfte nur eines leichten Schürens von latent vorhandenen Ängsten in den Menschen, um vielen zu suggerieren, all die, die da kämen, seien eine Gefahr für das Land und seine bereits hier ansässige Bevölkerung. Und für dieses Schüren sorgen rechtspopulistische Bewegungen wie AfD und Pegida spätestens seit jenen Tagen im Herbst 2015, in denen die Zahlen der zu erwartenden Flüchtlinge quasi täglich nach oben korrigiert werden mussten.

Offenbar steckt also in der Frage, wie mit den Flüchtlingsbewegungen umgegangen wird, ein so enormes Politisierungspotenzial, wie es kein anderes Thema in den letzten Jahren zu mobilisieren vermocht hat.

Nun ist es ja nicht so, dass nichts gemacht würde. Allerdings dreht die Regierung Merkel an so vielen kleinen Stellschrauben, dass der einzelne Bürger kaum mitbekommt, wenn sich was bewegt. Ein gutes Beispiel ist die Strategie der dezentralen Unterbringung von Flüchtlingen, die gleichzeitig auch einen Bauboom im Land ausgelöst hat. Wir haben das vor geraumer Zeit am Beispiel von Hannover in einem TV-Beitrag gezeigt, wie dort ebenjene Strategie umgesetzt wird, die im Übrigen auch Bestandteil des Integrationsgesetzes ist. Das große Thema der geographischen Exklusion von Zuwanderern hat Deutschland damit wesentlich besser gelöst als seine europäischen Nachbarn. Gerade in Frankreich konnte ich während meiner Korrespondententätigkeit sehr genau beobachten, was passiert, wenn die Menschen in den Banlieues, den Vororten, isoliert werden und keinen Kontakt zur eingesessenen Bevölkerung haben. Die Unruhen in den Banlieues von Paris, die immer wieder aufflammen und über die auch hierzulande berichtet wird, sind nur der am deutlichsten sichtbare Effekt dieser falschen Strategie.

Deutschland löst solche Fragen besser und sinnvoller, doch gelingt es kaum, daraus politisch Profit zu schlagen. Dazu sind diese Fragen zum einen zu unspektakulär, zum anderen auch wieder nicht vor einer Vereinnahmung durch Populisten geschützt. Etwa, wenn behauptet wird, es werde nun plötzlich exklusiv für Flüchtlinge gebaut, während Deutsche schon lange nach bezahlbarem Wohnraum suchen.

Auch gibt es ein offensichtliches Problem in der politischen Kommunikation, dessen Lösung man durch die defensive Art Angela Merkels nicht näher kommt. Im Grunde müssten die »Lautsprecher« der Regierung, wie der Generalsekretär Peter Tauber, sich solcher Themen annehmen und sie offensiver kommunizieren, doch reibt man sich da mancherorts lieber in Kleinkriegen auf Nebenschauplätzen auf.

So ist das Versagen der bisherigen Handlungs- und Kommunikationsstrategien in Sachen Flüchtlingsthematik ein großes Problem der Regierung Merkel. Gerade die Bundeskanzlerin hat lange gedacht, das Krisenmanagement könne in dieser Frage genauso funktionieren wie in der Griechenlandkrise. Womit sie nicht gerechnet hat, waren die enorme Dynamik, die mit der immer stärker steigenden Zahl an Flüchtlingen entstand, und die gezielte Überhitzung der Thematik in der innerdeutschen Debatte. Da bedurfte es nur der drei dürren, eigentlich harmlosen Worte »Wir schaffen das«, um das Land in einen riesigen Zwiespalt zwischen Optimismus und Untergangsstimmung zu stoßen. Im Grunde fragt man sich, was eine Regierungschefin eigentlich sonst hätte sagen sollen. Wäre sie eine gute Regierungschefin, wenn sie daran zweifelt, mit einer Herausforderung umgehen zu können? Macht es nicht gerade auch die Stärke und das Selbstbewusstsein Deutschlands aus, davon überzeugt zu sein, auch eine solch schwierige Aufgabe meistern zu können?

Eigentlich ist das so, und doch musste Angela Merkel in diesem Fall feststellen, dass eine erhebliche Anzahl der Bürger des Landes ihr in diesem Optimismus einfach nicht folgen wollte. Diese Erkenntnis – das ist ein Vorwurf, den man machen muss – hat sich in Regierungskreisen viel zu spät herumgesprochen. Als Merkel und ihrem Kreis zu dämmern begann, dass es mit dem »Wir schaffen das« nicht getan war und erhebliche Teile der Wählerschaft die Gefolgschaft verweigerten, war das Kind schon ziemlich tief in den Brunnen gefallen.

Die Konsequenz dieser Fehleinschätzung war eine nachhaltige Demontage des Parteiengefüges und damit auch der Machtoptionen nach der Bundestagswahl im September. Das alte System, in dem eigentlich immer eine stabile Mehrheit auf der Basis einer Koalition von höchstens zwei Parteien eines ähnlichen Zuschnitts, sprich: Schwarz-Gelb oder Rot-Grün, gegeben war, hat sich in Luft aufgelöst. Wenige Monate vor der Wahl ist im Grunde alles möglich: Rot-Rot-Grün, Rot-Grün, Schwarz-Grün, Schwarz-Rot, also eine Fortsetzung der GroKo, sogar auch Rot-Schwarz, also die GroKo-Fortsetzung mit der CDU als Juniorpartner, sowie Schwarz-Grün-Gelb, genannt Jamaika. Nicht möglich ist eine wie auch immer geartete Koalition unter Einbeziehung der neuen Farbe Blau. Dass die AfD, wenn sie schon in den Bundestag einzieht, zumindest aus der Regierung draußen zu bleiben hat, ist Konsens zwischen den übrigen Parteien. Dass man damit den Status der Partei als selbsternannter Widerstand gegen das System mit den »Altparteien« und dem »Mainstream« stärkt, nimmt man in Kauf. Stimmen wie die von Peter Radunski, die zu bedenken geben, man könne die AfD am besten entzaubern, indem man sie in die Verantwortung nimmt, sind nicht mehrheitsfähig.

Die Flüchtlingskrise ist also in der Tat zur Nagelprobe für das starke Deutschland in einem verunsicherten Europa geworden. Zur Nagelprobe für die Regierung Merkel, die alles daransetzen muss, dass die AfD der CDU/CSU nicht die entscheidenden Stimmen klaut, um im September weiter mit einer CDU-geführten Regierung an der europäischen Integration arbeiten zu können.

Diese europäische Integration, das große europäische Projekt, für das Angela Merkel und das aktuelle Deutschland stehen, ist jedoch nicht allein durch die AfD bedroht. Die selbsternannte Alternative für Deutschland sucht den Schulterschluss mit Rechtspopulisten in anderen europäischen Ländern, vor allem der »Front National« in Frankreich steht hier im Blickpunkt, aber auch die FPÖ in Österreich, die SVP in der Schweiz oder die »Partij voor de Vrijheid« in den Niederlanden. Wie dieser Schulterschluss aussehen kann, zeigte Ende Januar 2017 ein Kongress, der symbolträchtig am Deutschen Eck in Koblenz stattfand.

Europas Rechte – vereint gegen das, was Europa ausmacht

Noch herrscht tiefer Winter. Auf minus 16 Grad Celsius fällt nachts das Thermometer an diesem Januarwochenende in Koblenz. Doch in der Rhein-Mosel-Halle spürt man eine ganz andere Betriebstemperatur, und nicht nur das: Hier verkünden sie den Frühling. Einen patriotischen Frühling. Hier kündigt sich an diesem Wochenende etwas Großes an, gar etwas Historisches. 2017 ist das Jahr für diese historische Umwälzung, so ist überall zu hören. Die Dimension? In der Größenordnung des arabischen Frühlings, mindestens, auch der Begriff des Prager Frühlings fällt. Man findet Gefallen an diesem Bild, steht es doch für einen Aufbruch in eine neue Zeit. Und einen Meilenstein auf diesem Weg zum Aufbruch erwartet man sich hier in Koblenz.

An den Stellwänden im Saal steht es in blauer Schrift auf weißem Untergrund: »2017, das Jahr der Patrioten«. Der Begriff springt mir ins Auge, weil er nicht mehr oft verwendet wurde in der jüngeren Vergangenheit. Wir Journalisten sprechen und schreiben je nach Wertung von rechtsnational, rechtskonservativ, rechtsextrem oder rechtspopulistisch, verwenden Bezeichnungen wie Nationalisten oder Populisten. Nun also haben die Rechten selbst ein Lösungswort gefunden, dem der anrüchige Unterton fehlen soll. Patrioten im besten Sinne wollen sie sein und auch so genannt werden. Solche eben, die einstehen für die Patria – ihre Heimat, ihr Vaterland. Dem, so sind sie sicher, kann kaum jemand etwas Schlechtes abgewinnen.

Es ist eine geballte Ladung Rechts, die an diesem Wochenende ihre Energie bündeln will für die anstehenden Wahlen in den Niederlanden, in Frankreich und in Deutschland.

Die Rechtsnationalen Europas versammeln sich, sie schließen sich zusammen, um zum ersten Mal ganz offiziell das Ende der EU und den Beginn dessen auszurufen, was sie »Europa der Nationen« nennen. Veranstalter ist die AfD, organisiert wird das Ganze von Marcus Pretzell, EU-Abgeordneter der AfD und Frauke Petrys Lebenspartner. Er hat mit dem Deutschen Eck in Koblenz nicht ohne Grund einen durchaus symbolträchtigen Ort ausgewählt. Am Deutschen Eck, wo Mosel und Rhein zusammenfließen, steht ein Denkmal vom stolz reitenden Kaiser Willhelm I., erschaffen einst für die deutsche Reichsgründung 1871. Für viele steht es bis heute auch als Symbol für Freiheit und Unabhängigkeit.

Es ist ein recht martialisches Schauspiel, das sich dem neutralen Betrachter bietet. Zum Einmarsch spielen sie Marschmusik, Fahnen wehen, man schreitet gemeinsam auf die Bühne: Frauke Petry, die AfD-Chefin, Marine Le Pen, Präsidentschaftskandidatin in Frankreich vom Front National, und Geert Wilders, der Chef und Gründer der holländischen »Partij voor de Vrijheid«.

Es ist der Tag nach Donald Trumps Amtseinsetzung und seiner berüchtigten Antrittsrede, in der er angekündigt hatte, alles über den Haufen zu werfen, was bisher galt. America first! Amerika zuerst! Ein Schlachtruf, der wie ein Donnerhall die Welt beeindrucken und aufscheuchen soll. Von solchen Auftritten und Worten sind sie begeistert hier in Koblenz. Der Start des neuen US-Präsidenten enthält alle Signalworte, die sie sich auch auf die Fahnen geschrieben haben: die Nation. Das Land. Das Volk. Ein Präsident des Volkes – für das Volk. Trumps Wahl, seine Rede, sein Auftritt – all das beflügelt sie, die Populisten und Patrioten Europas.

In den USA hat es niemand für möglich gehalten, dass Trump tatsächlich Präsident werden könnte. Für genauso unwahrscheinlich hält der Großteil der europäischen Bevölkerung, dass einmal eine Le Pen, eine Petry oder ein Wilders regieren werden. Doch bei Trump ging es schnell, und schnell soll es auch bei ihnen gehen, dieses Ziel haben sie vor Augen, und der Wille dazu ist ihnen allen anzumerken. Trumps Sieg hat dafür gesorgt, dass jetzt alle im Saal an ihren eigenen Sieg glauben. Die Parteichefs, aber auch die 1000 Anhänger, die beim Einmarsch euphorisch jubeln.

Marcus Pretzell, der Organisator, stellt sie vor als »die zukünftigen Regierungschefs ihrer Länder«. Im Saal erheben sich die Anwesenden und rufen: »Merkel muss weg! Merkel muss weg!« Immer wieder. Jetzt und während der Veranstaltung bis zum Schluss. Holländer, Deutsche, Franzosen – gemeinsam schreien sie gegen Merkel. Sie ist das Feindbild der Patrioten. Das Feindbild der Nationalisten. Sie steht für das bestehende Europa. Sie steht für das System, wohl auch, weil sie am längsten von allen amtierenden Regierungschefs Teil dieses Systems ist. Und sie steht vor allem für die Flüchtlingspolitik, welche wohl alle im Saal als »des Teufels« sehen.

Als Erster spricht Geert Wilders:

»Hallo Deutschland, geht's euch gut?« »Jaaaaaa« – schreit es ihm entgegen. Und den Ursprung für dieses Aufbruchs-Ja liefert Wilders im nächsten Satz gleich selbst. »Gestern das neue Amerika, heute Koblenz, morgen das neue Europa.«

Dieses Jahr wird das Jahr des Volkes. Das Jahr der Befreiung. Das Jahr des patriotischen Frühlings!

»Frauke statt Angela«, ruft Marine Le Pen in den Saal, »2017 wird das Jahr, in dem die europäischen Länder erwachen werden. Alle europäischen Staaten, alle Mitglieder der EU sind einer Tyrannei unterworfen. Jetzt erleben wir das Ende der alten Welt und die Geburt einer neuen Welt. Der Patriotismus ist nicht die Politik der Vergangenheit, sondern die Politik der Zukunft«.

Ich war oft auf Veranstaltungen des Front National in Frankreich, damals zwischen 2006 und 2012, als ich von Paris aus berichtete, ich war in den letzten drei Jahren oft auf Veranstaltungen der AfD in Deutschland, und ich habe diese Zuspitzungen, dieses Streben nach Macht und vor allem die Ansage, die Macht zu übernehmen, meist mit einem Lächeln aufgenommen. Im Sinne von: Schön, wenn kleinere Parteien große Ziele ausgeben, wohl wissend, dass es unrealistisch ist, diese zu erreichen. Doch an diesem Samstag in Koblenz sitze ich im Saal und stelle mir zum ersten Mal vor, dass diese Ansagen wirklich werden könnten. Brexit, Trump … das kam ganz schnell. Warum denn nicht auch Le Pen, Wilders oder Petry? Und ich stelle mir die Frage, ob ich tatsächlich Zeuge werde, eines patriotischen Frühlings, des europäischen Jahrs der Patrioten. Eher nicht, denke ich. Oder ist es mehr ein Hoffen?

Nach der Veranstaltung empfängt uns Marine Le Pen zu einem ausführlichen Interview. Ich kenne sie noch aus den Zeiten als Paris-Korrespondent, und auch ihr Team ist noch fast das gleiche wie damals. Ich habe sie damals mehrmals getroffen, auch zu längeren Interviews. In ihrer Anfangszeit, 2010/2011, als sie im Front National das Zepter von ihrem Vater Jean-Marie Le Pen übernahm, war sie stets bemüht, den Front National sanfter, als gemäßigter, vernünftiger zu positionieren als jenen Front National von Papa Jean-Marie, gerichtlich gebrandmarkt als Antisemit und Rassist. Sie wollte durch sympathische Auftritte den Front National »dédiaboliser«, entteufeln. Und das ist ihr offenbar ganz gut gelungen. Von 2,5 Prozent Wähleranteilen im Jahr 2007 hat sie den Front National zur wählerstärksten Partei Frankreichs (stand Januar 2017) auf mehr als 25 Prozent Zustimmung hochkatapultiert. Ich war gespannt, wie sie jetzt ist. Eine freundliche Begrüßung. Die Frage, wie's denn in der Schweiz laufe, mit ihren Freunden der SVP. Und ob ich in Merkels Deutschland glücklicher sei als damals in Sarkozys Frankreich. Sie sagt es mit einem Lächeln, das ihre Abneigung und Verachtung gegenüber den beiden offen und bewusst verrät. Aber sie hat immer noch dieses Kumpelhafte. Sie geht sofort ein auf das Gegenüber. Sofort Smalltalk. Das ist nicht formell. Kein kurzer Handschlag, keine Fragen und Worte im Voraus und dann kurzes Interview und Auf Wiedersehen. Sie spricht Menschen an. Sie hat ein natürliches Charisma. Sie ist eine Menschenfängerin. Eine mit einer radikalen Idee und Vision. Alles Bestehende zu zerschlagen, um dann in ihrem Sinne, in dem der Nationalisten, der Patrioten, neu aufzubauen.

Marine Le Pen: Ich sehe keinen Grund für ein starkes Deutschland

Wie bei anderen Veranstaltungen von Rechtspopulisten, so war es auch in Koblenz ein Vorteil, für ein Schweizer Medium zu arbeiten. Die meisten deutschen Kollegen, gerade auch die der großen Zeitungen, Zeitschriften und Sender, hatten quasi Hausverbot in der Halle und durften nicht von dort berichten. Diese Strategie einer Aussperrung weiter Teile der demokratischen Presse sieht man mittlerweile immer häufiger, und man kann nicht umhin, sie als Zeichen zu werten. Presse- und Meinungsfreiheit sieht anders aus.

Marine Le Pen jedenfalls stellte sich für ein Interview zur Verfügung. Ich möchte dieses Interview ungekürzt an dieser Stelle im Buch wirken lassen, da es recht gut zeigt, welche Position eine nationalistische Partei vertritt und wie sich diese Position auf die Zusammenarbeit in Europa auswirken würde. Die Äußerungen im Hinblick auf Deutschland zeigen auch ganz klar, dass die Zusammenarbeit der rechten Parteien in Europa nur auf der Ablehnung der bestehenden europäischen Strukturen basieren kann. Jede darüber hinausgehende produktive Zusammenarbeit auf europäischer Ebene muss zwangsläufig an der nationalistischen Ausrichtung der einzelnen Parteien scheitern. Das weiß Le Pen, das wissen auch Petry, Wilders und die anderen. Und doch stehen sie derzeit zusammen gegen den gemeinsamen Feind.

Frau Le Pen, Sie wollen das alte Europa zerschlagen und ein neues aufbauen. Alte Regierungen stürzen, ein umfassend bestehendes System kippen. Haben Sie nicht Angst davor, damit Gesellschaften zu spalten, Aufstände und Chaos zu provozieren?

Dieses System, diese Regierungen – haben wir nicht das Recht, eine Bilanz zu ziehen? Wir erleben ein unvergleichliches Zuwanderungsdrama. Sie haben die gesamten Grenzen geöffnet für eineinhalb Millionen Migranten, ohne dass wir die Mittel haben, diese zu beherbergen, sie zu pflegen, sie auszubilden. Unter diesen Migranten sind Terroristen des Islamischen Staates, welche in Frankreich 300 Menschen getötet haben.

Dieses System hat uns europaweit Verarmung und eine unvergleichlich hohe Arbeitslosigkeit gebracht. Also, sagen wir einfach, wir machen jetzt so weiter wie bisher und gehen daran zugrunde?

Ich sage nein. Ich bin nicht da, um die Interessen der Großkonzerne, der Großbanken zu vertreten. Nein, ich bin da und stehe auf, um die Interessen des französischen Volkes zu verteidigen. Ich will dem Volk das Wort geben. Und dafür werde ich kämpfen. Und Sie sehen, dass ich in diesem Kampf in Europa nicht mehr alleine bin. Schauen Sie sich an, was rund um uns passiert. Die FPÖ in Österreich, die Lega Nord in Italien, die Freiheitspartei in den Niederlanden, die AfD hier in Deutschland – ihre Umfragewerte schießen immer weiter in die Höhe. Der Brexit, die Wahl von Donald Trump – das ist alles Ausdruck dessen, was wir schon seit Jahren fordern. Ich sehe, dass Politiker wie Angela Merkel oder François Hollande mehr und mehr für Vergangenes stehen, deren Ideen der Vergangenheit angehören, die jetzt von uns überholt werden.

Ich vertrete die Auffassung, Angela Merkel und Deutschland müssten, angesichts der Verunsicherung und der Krise in der EU, viel mehr Verantwortung in Europa übernehmen und eine starke Führungsrolle einnehmen. Wie sehen Sie das?

Merkel und Deutschland haben diese Führungsrolle doch schon längst inne. Europa ist ein deutsches Europa, in dem alles von Deutschland bestimmt wird. Alles im Interesse von Deutschland selbst und zum Nachteil zahlreicher anderer Mitgliedsstaaten wie Frankreich, Italien, Griechenland, Portugal, Spanien – und ich könnte noch viel mehr aufzählen. Der Euro ist eine deutsche Währung und nicht eine europäische Währung. Die Austeritätspolitik, welche allen aufgezwungen wird, ist ein Produkt der deutschen Kultur und der deutschen Politik. Deutschlands Aufschwung ist der Abstieg der anderen. Deutschland erwirtschaftet einen Riesenprofit – währenddessen es den anderen Staaten immer schlechter geht. Voilà. Ich sehe überhaupt keinen Grund für ein starkes Deutschland in Europa, für ein führendes Deutschland. Ich habe kein Interesse daran, mein Volk für deutsche Interessen zu opfern, für dessen Austeritätspolitik, diesen Ultraliberalismus oder die Masseneinwanderung.

Und wie wollen Sie das ändern?

Indem wir unsere Souveränität zurückerlangen. Unser Land gehört uns. Unser Land gehört unserem Volk. Wir sind Eigentümer unseres Landes. Und wir dürfen uns doch nicht wie Mieter verhalten oder uns behandeln lassen, die keine Rechte haben.

Wir entscheiden bei uns. Wenn Sie Eigentümer einer Wohnung sind, dann entscheiden auch Sie darüber. Dann lassen Sie sich auch nicht vom Nachbarn vorschreiben, welche Farbe Ihre Vorhänge haben sollen, in welche Schule Sie Ihr Kind schicken, oder was es am Abend zu essen gibt. Sie entscheiden bei sich zuhaus und ich will, dass das französische Volk bei sich in seinem Land auch für sich alleine entscheiden kann. Wir sind nicht ein minderwertiges und auch nicht ein Volk das über anderen steht. Wir wollen kein Europa, welches uns Frau Merkel mit dem deutschen Schlagstock aufzwingt. Sie kann ihre Politik in ihrem Land durchsetzen, aber ich habe keine Lust, all die Konsequenzen ihrer Politik zu tragen, wie beispielsweise ihrer verrückten Flüchtlingspolitik. Sie ruft eineinhalb Million Migranten zu sich. Und sie weiß sehr genau, dass »zu sich« eigentlich »zu uns« heißt, weil es ja keine Innengrenzen mehr gibt in unserer Europäischen Union. Sie hat 500 000 Flüchtlinge aus den Augen verloren. Sie weiß nicht mehr, wo diese sind. Wir müssen wieder normal werden. Das gelingt, wenn jedes Land diese vier Souveränitäten zurückerhält. Unsere Grenzen. Unsere eigene Wirtschaft, eine eigene nationale Währung. Und nationale Gesetze, welche über jenen der europäischen Union stehen.

Aber mit dieser nationalistischen Haltung zerschlagen Sie doch die ursprüngliche Idee der europäischen Friedensunion, deren Fundament die deutsch-französische Achse ist?
Das bedeutet doch heute gar nichts mehr. Das ist eine dieser vorgekauten Meinungen, die man den Menschen einbläut. Man sagt ihnen: Europa – das ist Frieden. Aber schauen Sie sich doch einfach mal um. Europa ist nicht Frieden – Europa ist Krieg. Entschuldigung, aber niemals haben sich die europäischen Länder so sehr gestritten wie heute, und niemals gab es so viele Missstände. Niemals hatten wir einen solchen Wirtschaftskrieg, niemals war der Wettbewerb der einfachen Arbeiter so hart und so verroht wie heute. Nie zuvor war das Gefühl von Ungerechtigkeit so stark wie jetzt. Nein, ich bin überzeugt, dass die Nation Fundament für Frieden ist. Ein beschütztes Volk, das über sich selbst entscheiden kann. Ein Staat, der geschützte Grenzen hat. Ein Volk, das sich wohl fühlt in seiner Identität und diese Identität ausleben kann. Ein Staat, der Regeln schafft, welche seiner eigenen Wirtschaft helfen zu florieren. Das ist Frieden. Das gilt in 95 Prozent aller Länder auf der Welt. Nur in der Europäischen Union verbietet man uns all das.

Beschreiben Sie mir doch bitte mal kurz in eine paar Sätzen Ihre Vision von Europa.
Meine Vision ist ein Europa, in dem jedes Volk eigenständig über seine Zukunft entscheiden kann. Ich bin eine Verteidige-

rin der Souveränität. Die Souveränität ist für ein Volk von derselben Bedeutung wie die Freiheit für den einzelnen Menschen. Und aus diesem Zustand der Eigenständigkeit kann ein Europa der Nationen wachsen, ein Europa, in dem diese Nationen zusammenarbeiten. Dieses Europa hat es ja schon einmal gegeben – das Europa von Airbus, das Europa von Ariane. Das wird ein Europa, in dem wir ein großes Projekt starten. In dem wir die Nationen fragen, ob sie daran teilnehmen wollen. Dann gibt es vielleicht solche, die nicht daran teilnehmen wollen. Und dann respektieren wir diesen Willen. Mit anderen Worten: ein im Vergleich zum jetzigem radikal verändertes Europa, welches teils tyrannisch ist, autoritär, und welches die Menschen zwingt, ihre Kultur, ihre Werte, ihre Identität aufzugeben. Es zwingt, den Staaten eine Sparpolitik auf mit den dramatischen Folgen, die wir kennen. Es zwingt die Staaten zu einem Binnenwettbewerb, der ungerecht ist und andere ausschließt. Dieses Europa wollen wir nicht mehr. Im neuen Europa gelten Patriotismus, Souveränität, der Respekt vor der Identität jedes Volkes, Respekt der jeweiligen Staatsgrenzen als grundlegende Pfeiler.

Welchen Einfluss hat denn das »Modell Schweiz« auf Ihre Überlegungen eines Europas der Freiheit und der Nationen?
Das Schweizer System kann man nicht eins zu eins auf einen anderen Staat übertragen. Aber auf etwas sind wir Patrioten doch sehr neidisch: die Möglichkeit des Referendums, die Möglichkeit für den Bürger, an der Urne mitbestimmen zu können. Nach diesem Modell will ich in Frankreich eine Volksabstimmung für die Verfassungsänderung durchführen – das Volk soll darüber entscheiden können. Verfassung und Gesetz sind die Grundlagen eines Staates. Diese Grundlage muss sich ein Volk selber geben können – indem die Mehrheit des Volkes sie bestimmt. Das ist auch der Kern einer

Demokratie. Aber wir sind keine Demokratie mehr, wenn das Gesetz von supranationalen Strukturen oder Gebilden auf unsere Länder herabfällt, von Strukturen, welche nicht demokratisch gewählt und gewachsen sind und welche Völkern Gesetze aufzwingen, ohne sie zu fragen. Das ist für mich genau das Gegenteil von Demokratie. Deshalb schauen wir schon staunend auf die Schweiz, auch auf die Kaufkraft der Menschen dort, auf das Lohnniveau, aber auch auf die Sicherheitslage der Schweiz. Und wissen Sie, Volksabstimmungen sind auch immer Alarmglocken für Regierungen. Und das weiß die Schweizer Regierung sehr genau. Bevor sie etwas tut, überlegt sie sich sehr genau, ob es dem Volk gefallen wird oder nicht. Weil sich das Volk sonst zu Wort meldet. Da sieht man doch, wie viel Respekt es in der Schweiz für das Wort und den Willen des Bürgers und des Volkes gibt. Diesen Respekt gibt es beispielsweise in Frankreich nicht. Das französische Volk hat 2005 die europäische Verfassungsänderung abgelehnt. Aber die etablierten Parteien, die Sozialisten und die Republikaner, die Grünen und die Mittepartei, haben sich zusammengetan, um sich dann über diesen Volkswillen hinwegzusetzen – und Ja zu sagen zu etwas, zu dem das Volk Nein gesagt hatte.

Wie wird denn Europa in zwanzig Jahren aussehen?
Ein Europa der freien Nationen. Stolz. Stolz auf sich selbst. Ein Europa der verschiedenen Kulturen und Eigenheiten. Ein Europa der verschiedenen Länder und Völker. Ein Europa, das auch durchaus noch wachsen kann, das sich bis nach Russland erstreckt. Es muss ein Europa der Zusammenarbeit werden. Eines mit eigenen Gerichten für jedes Land. Ein Projekt, in dem jeder selbst entscheiden kann, ob und wann er daran teilnehmen will und wann nicht mehr und wann wieder. Ein Europa, in das jeder seine Meinung einbringen kann.

Vor allem ein Europa, in dem ein Wert über allen anderen steht: der Respekt vor der Demokratie. Nichts ohne das Volk. Nichts gegen das Volk.

Also werden Sie mit Frankreich aus der EU austreten, wenn Sie das Volk zur Präsidentin wählt?
Wenn mir die EU die genannten vier Souveränitäten gewährt und wenn sie bereit ist, sich in meinem Sinne zu reformieren, als Europa der Nationen, dann bleiben wir dabei. Wenn nicht, dann werde ich den Franzosen die Möglichkeit geben auszutreten. Sonst könnte ich ja kein eigenes politisches, kein wirtschaftliches, kein Sicherheits- und Verteidigungsprogramm umsetzen, für welches man mich wählt. Die EU ist im Moment ein Gefängnis für jedes einzelne europäische Volk.

Europa verändern – aber nicht im Sinne von Le Pen und Co.

Einiges, wovon Marine Le Pen im Interview spricht, klingt im ersten Moment vielleicht durchaus verhandlungsfähig, doch ich habe Marine Le Pen zu oft erlebt, um nicht zu wissen, dass es ihr nicht um Europa geht. Das Wort vom »Europa der Nationen« etwa dient ihr lediglich als Mäntelchen für einen unverhohlenen Nationalismus.

Le Pen will das bestehende Europa, das bestehende System zerschlagen, sie will mit allem Alten brechen, um es dann in ihrem und aller Nationalisten Sinne neu und ganz anders wieder aufzubauen.

Le Pen und die Nationalisten kümmern sich auch nicht um internationales Recht, wie beispielsweise die Europäische Menschenrechtskonvention. Sie wollen nationale Gesetze über solch humanitär fundamentale und anerkannte Regeln stellen und diese aushebeln. Das widerspricht der humanitären Tradition und Entwicklung unseres Kontinents.

Vor diesem Hintergrund ist es für die pro-europäischen Kräfte umso wichtiger, rechtzeitig zu erkennen, was sich da am rechten, nationalistischen Rand zusammenbraut. Man muss darauf reagieren und den Bürgern Europas deutlich machen, worum es in Wahrheit geht.

Europa muss nicht zerschlagen werden. Europa muss sich reformieren, vom derzeitigen Status quo ausgehend.

Eine solche Staatengemeinschaft muss aber auch auf natürliche Weise wachsen – und zu solch natürlichem Wachstum gehören Justierungen, Reformen, Veränderungen und Anpassungen. An der europäischen Friedensunion, dem Zusammenschluss der Staaten mit ihren verankerten Grundrechten, die für alle gelten, darf nicht gerüttelt werden. Notwendig ist vielmehr ein Reformprozess, in dem man nach dem Schweizer Modell des Föderalismus von Brüssel und Strassburg aus Rahmenbedingungen schafft, gleichzeitig aber Vollzugshoheiten und gewisse Souveränitäten den einzelnen Staaten überlässt. Bereiche, in denen solche Vollzugshoheiten sinnvoll sind, können beispielsweise die Landwirtschafts-, Energie- oder auch die Verkehrspolitik sein.

Derzeit sehen wir einen EU-Binnenmarkt, der eindeutig zu straff geregelt ist und damit eine Anti-EU-Haltung eher befördert. Es wird zu wenig Rücksicht auf die kulturellen Besonderheiten der einzelnen Länder genommen, notwendig wäre es hier, die Zügel zu lockern und Freiheiten zu schaffen.

Kein Zwang

Die EU muss nicht immer gleich alles für alle regeln. Vielmehr ist es wichtig, den einzelnen Staaten Kompetenzen zu überlassen. Eine wichtige Aufgabe für die nähere Zukunft ist, herauszufinden, wo es sinnvoll ist, gemeinsame Regeln festzulegen, und wo es sinnvoller ist, den Staaten die Souveränität zu überlassen. Im Moment sehen wir leider häufig, dass das einzige Prinzip zu sein scheint, alles einheitlich regeln zu müssen. Findet man Bereiche, in denen das noch nicht geschehen ist, bemüht man sich sofort, gleich wieder ein neues Gesetz zu erlassen.

Die vier Grundfreiheiten des EU-Binnenmarkts – freier Warenverkehr, Personenfreizügigkeit, Dienstleistungsfreiheit sowie der freie Kapital- und Zahlungsverkehr – werden von den führenden Funktionären wie Kommissionspräsident Jean-Claude Juncker oder auch anderen überzeugten Europäern im Moment als absolut heilig und unantastbar angesehen. Auch der frisch gekürte Bundeskanzlerkandidat der SPD, Martin Schulz stand zeit seines Amtes als europäischer Ratspräsident auf diesem Standpunkt.

Sinnvoller wäre es allerdings, wenn diese vier Pfeiler eher als Grundregeln gelten, welche den Rahmen abstecken, innerhalb dessen es aber auch Spielraum für Anpassungen, je nach politischen und wirtschaftlichen Entwicklungen gibt. So können Staaten flexibler auf lokale Wirtschaftskrisen reagieren und sich anpassen, ohne in ein nicht passendes Korsett eingezwängt zu sein. Solche Freiheiten würden die EU nicht auseinanderbrechen lassen, sondern im Gegenteil das Bewusstsein und die Rückbesinnung auf die Grundidee der Friedens- und Werteunion und damit letztlich den Zusammenhalt in Europa stärken.

Freiräume und Anpassungsmöglichkeiten müssten vor allem für die Personenfreizügigkeit gelten. Je nach Wirtschaftssituation, gemessen etwa an Stellgrößen wie dem Bruttoinlandsprodukt oder der Arbeitslosigkeit, sollte ein Staat die Möglichkeit haben, die Zuwanderung individuell zu steuern. Grundsätzlich also Personenfreizügigkeit – doch in Ausnahmezeiten soll der Staat temporär steuern können. Auf diese Weise würde die Akzeptanz für diese Grundfreiheit auch bei jenen wachsen, welche sie heute noch grundsätzlich ablehnen.

Für die Zukunft der EU, für ihre Akzeptanz bei den Bürgern, sind Flexibilität und Pragmatismus gefragt, zwei Eigenschaften, die man derzeit in den europäischen Gremien leider zu selten findet. Europa sollte bedeuten: Bestehendes erhalten – gleichzeitig aber auch laufend anpassen und flexibilisieren. Beides muss überhaupt kein Widerspruch in sich sein, sondern wäre Ausdruck modernen politischen Handelns.

Das Ziel muss doch sein, dass die Menschen in der EU guten Gewissens sagen können: Ich bin überzeugter Deutscher, und ich bin genauso überzeugter Europäer, ich bin überzeugter Franzose, und ich bin genauso überzeugter Europäer, ich bin überzeugter Italiener, und ich bin genauso überzeugter Europäer. Wenn wir diese Überzeugung bei den Menschen erreichen können, stehen die Chancen für ein geeintes Europa ausgezeichnet. Es ist jedoch nicht das Europa, das Le Pen, Wilders, Petry und Co. in Koblenz heraufbeschworen haben.

Ich verlasse Koblenz am nächsten Morgen mit einem unguten Gefühl. So oft war gestern die Rede von zerschlagen und neu aufbauen. Von befreien. Es sind martialische Ansagen, nicht weit entfernt von Kriegsrhetorik. Stehen wir wirklich vor einer Revolution? Gehen meine Gedanken unter dem noch nahen Einfluss einer einzigen Veranstaltung zu weit? Im Zug zurück nach Berlin lese ich, dass Papst Franziskus in einem Interview mit der Zeitung *El Pais* von Parallelen zwischen den neuen populistischen Bewegungen in Europa und dem Aufstieg Hitlers vor 1933 gesprochen hat, und ich merke, dass ich diese Feststellung durchaus nicht mehr für absurd halte.

Und die anderen? Angela Merkel zwischen SPD und CSU

Es war kaum zwei Tage her, dass ich mit den beschriebenen Gedanken aus Koblenz nach Berlin zurückkehrte, da verbreitete sich die nächste hochkarätige Eilmeldung, zunächst wie immer über die sozialen Medien, dann lief sie auch in den Nachrichtensendungen auf und ab, und am folgenden Tag erschienen die ersten Analysen in den Printmedien.

Was war passiert? Die SPD hatte nach langem, langem Kreißen endlich eine Entscheidung geboren: Der Kanzlerkandidat sollte nun doch nicht Sigmar Gabriel heißen, wie wohl die meisten bis dahin angenommen hatten, sondern Martin Schulz wurde auserkoren, den Kampf gegen die auf dem Weg zur ewigen Kanzlerin befindende Angela Merkel aufzunehmen.

Diese Entscheidung war für alle Beobachter letztlich doch eine große Überraschung, und auch die Art und Weise, wie sie zustande kam, sagt einiges über den inneren Zustand der SPD im Jahr der Bundestagswahl 2017 aus.

Monatelang hatte man in der SPD gerungen, wen man denn nun gegen Angela Merkel ins Rennen schicken sollte, wohl wissend, dass die Kanzlerin bereits einen erheblichen Vertrauensvorschuss beim Wahlvolk genießt. Die erste Überraschung war, dass Martin Schulz überhaupt recht kurzfristig die Gerüchte bestätigte, nach denen er seinen Posten als EU-Ratspräsident räumen werde, um in die deutsche Politik zu wechseln. Offenbar war Schulz zu der Überzeugung gelangt, von seinem bisherigen Posten aus nicht mehr genug für die europäische Integration tun zu können. Also lag es nahe, diese Aufgabe aus dem Inneren der deutschen Politik weiter in Angriff zu nehmen.

Kanzler jedoch? Nicht wenige fragten sich, ob er das wohl kann, und auch nach der überraschenden Bekanntgabe seiner Kandidatur hat sich das nicht geändert. Gründe für Zweifel gibt es genug. Schulz ist zwar ein alter Hase als Politiker, gleichwohl bleibt er bis auf weiteres ein Frischling in der innenpolitischen Landschaft Deutschlands. Er muss erst noch den Beweis erbringen, dass er tatsächlich auch Innenpolitik kann, denn dazu gehört mehr, als wegweisende Reden über die Zukunft Europas zu halten.

Gleichzeitig kann man die Tatsache des Quereinsteigens auch als Vorteil interpretieren. Schulz kann unbelastet von internen Querelen und Positionskämpfen in den Wahlkampf gehen. Das gibt ihm die Möglichkeit, neue Akzente und neue Themen zu setzen. Gerade das scheint für seine Partei, die sich in einem historischen Umfragetief befand, essenziell zu sein. Und es dürfte letztlich auch wesentlich dazu beigetragen haben, dass Sigmar Gabriel sich auf eine bemerkenswerte Art und Weise von seinen Ambitionen auf das Kanzleramt verabschiedet hat.

Diese Art und Weise der Verzichtserklärung des bisherigen Vizekanzlers und Wirtschaftsministers war für viele irritierend, sie hatte etwas von einer abrupten Kapitulationserklärung, weil Gabriel endgültig die Lust verloren hatte, auf ewig in zwei Richtungen weiterzukämpfen: einmal nach innen um seinen Ruf und sein Standing in der Partei, und zum anderen nach außen gegen eine scheinbar übermächtige Kanzlerin, die ihn am ausgestreckten Arm verhungern lässt. Bezeichnend war der Ablauf der Bekanntgabe dieser doch eigentlich so wichtigen Entscheidung. Ausgemacht war, so wurde es jedenfalls von der Partei nach außen kommuniziert, dass am 29. Januar die zuvor intern getroffene Entscheidung an die Medien und damit an die Öffentlichkeit gegeben werden sollte. Offenbar jedoch hatte Sigmar Gabriel beschlossen, sich um diese internen Abmachungen wenig zu scheren, und hatte dem Magazin *stern* vorab ein langes Interview gegeben, in dem er unmissverständlich seinen Rückzug von der Kandidatur ankündigte.

Damit lief die Medienmaschinerie unerbittlich an (und niemand wird behaupten wollen, Gabriel habe das nicht gewusst). Bereits vor Erscheinen des Heftes machte die entscheidende Botschaft des Interviews die Runde durch die sozialen Netzwerke, alle wussten plötzlich Bescheid, und die Partei konnte nur noch ihr Bestes geben, um der aktuellen Entwicklung hinterherzuhecheln. So wurde dann in aller Eile offiziell kommuniziert, was ohnehin schon alle wussten, Sigmar Gabriel erzählte auf einer Parteiveranstaltung den Genossen, was er vorher den Journalisten des *stern* erzählt hatte, und die SPD hatte das klägliche Bild, das sie so häufig abgibt, wieder einmal aufs Schönste bestätigt. Die Häme in den sozialen Netzwerken ließ nicht lange auf sich warten.

Wer in den Tagen, bevor diese Bombe platzte, mit SPD-Leuten sprach, traf so gut wie immer auf die Überzeugung, Gabriel werde antreten. Diese Überzeugung wurde nie euphorisch vorgetragen, ich hatte eher das Gefühl, man füge sich in ein vorbestimmtes Schicksal und habe in weiten Teilen die Bundestagswahl ohnehin abgeschrieben.

Umso erstaunter waren alle, dass Sigmar Gabriel in einem letzten Anfall von Selbsterkenntnis wohl doch eingesehen hat, dass er mit seinen sehr schlechten Umfragewerten wenig Chancen gegen Angela Merkel haben werde und dass ihm darüber hinaus in der Partei der totale Rückhalt für einen erfolgreichen Wahlkampf fehlt.

So könnte die SPD mit Martin Schulz ihre letzte Chance ergriffen haben, der Kanzlerin doch noch Paroli bieten zu können. Zumindest sind die Beliebtheitswerte des Neuen erheblich höher, bei Redaktionsschluss dieses Buches lag er in verschiedenen Umfragen sogar noch vor Angela Merkel. Natürlich ändern sich diese Werte, und es wird enger, je näher wir uns auf die Wahl zubewegen.

So sehr jedoch die Kandidatur von Schulz eine Chance für die SPD sein dürfte, so sehr zeigt sie doch auch, wie schlecht es um die Diskussions- und Debattenkultur in der Partei bestellt ist. Letztlich war es ja im konkreten Moment keine Entscheidung der Partei für Schulz, sondern ein Notmanöver, ausgelöst durch die plötzliche Kapitulation ihres Vorsitzenden. Gabriel hat die Partei völlig überrumpelt, ob er sie damit auch zu ihrem Glück und Erfolg gezwungen hat, wird erst die Wahl zeigen.

Die CSU – Schwesterpartei, Korrektiv und Hemmschuh

Seit eineinhalb Jahren treibt Horst Seehofer die CDU vor sich her. Jeder der drei beschlossenen Asylrechtsverschärfungen ging ein handfester Streit in der Union voraus, provoziert immer vom Landesfürsten aus Bayern.

Zuerst ging es um die Errichtung von Straflagern für kriminelle Asylsuchende an den Grenzen, dann um die Festlegung von sicheren Herkunftsstaaten, und über allem schwebte stets die Forderung nach einer Obergrenze: ein Begriff, der bis heute durch die Diskussionen schwirrt und immer wieder für Irritation sorgt, weil eigentlich niemand so genau weiß, wie das denn überhaupt gehen soll mit einer solchen Obergrenze. Für die CSU war und ist sie trotzdem ein Dauerthema, bei 200 000 Flüchtlingen pro Jahr und nicht mehr, soll sie nach ihren Vorstellungen liegen. Seehofer hat sie mittlerweile so oft ausgesprochen, dass man sie genauso als sein Mantra bezeichnen könnte wie bei Angela Merkel »Wir schaffen das«.

In diesem ständigen internen Streit der Unionsparteien, in dem die SPD natürlich immer munter mitmischte, gingen die beschlossenen Maßnahmen fast unter. Das hinterließ bei den Bürgern das Bild einer sich stets streitenden, handlungsunfähigen Regierung und sorgte auf diese Weise für einen riesigen Vertrauensverlust im Hinblick auf die Regierung und die Kanzlerin.

Die Diskussion um Obergrenzen, um »Wir schaffen das«, die scharfen Angriffe Seehofers gegen Merkel sorgten zunehmend dafür, dass sich in der Bevölkerung das Gefühl breitmachte, die Regierung habe die Situation nicht mehr im Griff, habe vollends die Kontrolle verloren.

Während der Hochzeit der Flüchtlingskrise musste ich oft an einen Satz denken, den mir der Türwächter unseres Fernsehstudios in der Reinhardtstrasse in Berlin schon in meiner allerersten Arbeitswoche in Deutschland ins Stammbuch geschrieben hatte: Die Deutschen seien sehr ordnungsliebend, hatte er mir erzählt und dabei bedeutungsvoll geschaut. Ordnung und Kontrolle, so lernte ich als Schweizer, sind Eigenschaften, die dem deutschen Bürger das Gefühl von Sicherheit vermitteln. Das ist in Deutschland ganz besonders wichtig. Genau dieses Gefühl, dass alles in geordneten, kontrollierten Bahnen läuft, war den Deutschen in den chaotischen Monaten der Flüchtlingskrise über lange Zeit abhandengekommen.

Die CSU, und allen voran Horst Seehofer mit seinem soldatengleichen, absolut linientreuen Generalsekretär Andreas Scheuer an seiner Seite, hat maßgeblich zum Vertrauensverlust der deutschen Bevölkerung gegenüber ihrer Regierung beigetragen. Mit seiner martialischen und populistischen Rhetorik hat Seehofer Merkel und die Regierung über Monate verbal am Ring durch die Arena gezogen und der Bevölkerung das

Gefühl gegeben, SPD und die CDU hätten jeglichen Bezug zur Wirklichkeit, zu den Problemen in den Dörfern und in den Städten verloren.

Dabei ging es oft weniger um die eigentliche Thematik als um unverhohlenen Stimmenfang. Seehofer hat in der Flüchtlingskrise ein neues Feld für sich entdeckt, um sich und seine Partei wieder zu positionieren, nachdem er angesichts der Beliebtheit der Kanzlerin wohl doch einen gewissen Bedeutungsverlust verspürt haben mag. Einen Kollateralschaden hat er dabei allerdings in Kauf genommen, denn er hat mit seiner Vorgehensweise nicht nur sich und die CSU neu und stark positioniert, sondern auch gleichzeitig die AfD beflügelt und damit zu deren Höhenflug maßgeblich beigetragen.

Der im Jahr 2015 sowohl gesundheitlich als auch politisch angezählte Seehofer brauchte wieder ein Thema, und er brauchte Erfolge. Unter Merkels linksliberal angehauchten Wahlerfolgen hatte er in den Jahren zuvor bundespolitisch zunehmend an Gewicht und Bedeutung verloren. Für die CDU war die CSU zu einem leicht kontrollierbaren sicheren internen Juniorpartner geworden. Sie störte längst nicht mehr so wie früher, weil ihr für mehr Aufruhr in Berlin ein Schwergewicht wie einst Franz Josef Strauß fehlte. Trotzdem hielt sie das wirtschaftlich wichtige Bayern unter Kontrolle und sorgte nach wie vor dafür, dass dort die Stimmen für die Union erhalten blieben, wovon letztlich vor allem die CDU auf Bundesebene profitierte.

Über viele Jahre hinweg war die CSU damit der reinste Glücksfall für die CDU. Sie störte kaum noch, deckte von Merkel längst aufgegebene konservative Traditionspositionen in der Union ab und brachte zuverlässig die nötigen Wählerstimmen, um als stärkste Partei in Bayern das Land zu halten und den wichtigen Sitz im Bundesrat zu sichern.

Erschwerend kam für Seehofer damals hinzu, dass der bayerische Finanzminister und selbsternannte CSU-Kronprinz

Markus Söder längst Seehofers Schwächeln bemerkt hatte und anfing, sich selbst als seinen Erben zu positionieren.

In dieser für ihn kritischen Situation kam die Flüchtlingskrise wie ein Segen über Seehofer, und als alter Hase im politischen Spiel der Kräfte wusste er dieses Geschenk zu nutzen. Endlich hatte er wieder Trümpfe in der Hand und konnte wieder bundespolitisch mitspielen. Der erfahrene politische Spieler Seehofer wusste genau, was für ein Blatt er nun in der Hand hielt und wie er es nutzen musste, um den anderen Mitspielern sein Spiel aufzudrücken. Seehofer spielte die Trümpfe geschickt aus. Immer dann, wenn er es für nötig hielt. Er spaltete damit die Union der Schwesterparteien in den wichtigen Fragen der Asylgesetzverschärfungen. Und er spaltete immer wieder auch die CDU selbst, so sehr, dass der alte Konflikt zwischen Konservativen und liberalen Kräften in der Partei wieder voll und ganz aufbrach und offensichtlich wurde. Ganz klar: Seehofer war mit voller Kraft zurück und gab den Takt vor.

Er fühlte sich von Beginn an dafür legitimiert, sich mit Positionen zur Flüchtlingskrise hervorzutun, schon allein deshalb, weil seine Bayern vorbildlich freiwillig in der Flüchtlingshilfe vorangingen. Aber auch, weil sein Bayern wie kein anderes Bundesland noch eine politische Verwurzelung in der christlichen Kirche hat. Da funktioniert es dann vorzüglich, die Angst vor zu vielen Flüchtlingen, vor einer Überforderung der Bürger und vor dem Verlust der christlichen Werte und der Leitkultur als Trümpfe auszuspielen.

Seehofer tat das immer und immer wieder. Er grenzte sich ab von allen, besonders von der Kanzlerin, welche die CDU so weit in die Mitte gezogen hat. Im wertkonservativen und katholisch geprägten Bayern geht das kaum besser, als wenn man Begriffe wie »Leitkultur« und »christliche Grundwerte« wieder als Zugpferd in die öffentliche Debatte einbringen kann. Das wurde mir einmal mehr klar, als ich im Januar 2016 in die bayerische Kleinstadt Schwandorf fuhr, um dort beim CSU-Seniorenstammtisch »Volkes Stimme« zu hören.

Durchs konservative Bayern – der CSU-Seniorenstammtisch

Das neue Jahr ist gerade gut zwei Wochen alt, als mein Kameramann und ich von Berlin aus nach München fliegen. Vom Flughafen München fahren wir Richtung Oberpfalz. Schnee hat sich in der Nacht übers Land gelegt, alles ist weiß und unter einer feinen Nebeldecke. Der Freistaat ruht ganz in sich selbst. Wir fahren vorbei an Dörfern, sehen viele Kleinbetriebe und Einfamilienhäuser. Hier ist alles geordnet, alles sauber.

Dieses Bundesland hat sich hochgearbeitet in den letzten 70 Jahren, es ist das wirtschaftsstärkste Bundesland geworden und stolz darauf. Man darf das ruhig eine bemerkenswerte Entwicklung nennen, und ich denke daran, dass hier seit 1946 die CSU in der Regierung sitzt, 48 von 70 Jahren gar allein regiert hat. Jene Partei also, die Angela Merkel in der Flüchtlingskrise das Leben nun so schwer macht, eben weil diese Partei in erster Linie die Interessen der Menschen hier in Bayern vertritt.

Bayern sei konservativer als jedes Nonnenkloster, so witzeln die Linken und Liberalen – und nicht nur die – in Berlin. Sie verspotten die CSU als konservativ, denn in ihren Augen ist damit vor allem »rückständig« gemeint. Jene CSU, welche sich gleichzeitig selbst gerne als Hüterin des Konservatismus lobt und genau das ja auch ist. Der CSU-Ehrenvorsitzende Edmund Stoiber sagt, konservativ heiße: klare Ordnung, klare Wettbewerbsbedingungen, klare Rechtssicherheit. Etwas, was den Menschen Sicherheit vermittelt, außerdem: Zuverlässigkeit und Grundvertrauen, eben das »Wissen, woran man ist«. Es ist genau dieses Gefühl, das den Menschen in den Städten und Dörfern Deutschlands im Zuge der Flüchtlingskrise zunehmend abhandengekommen ist.

Auf der 150 Kilometer langen Fahrt passieren wir gefühlte 150 Kirchtürme, aus denen überall Kreuze herausragen. Auch am Wegrand stehen immer wieder Holzkreuze, wir sehen unzählige Christusfiguren und Heiligenfiguren an den Häusern. Im Freistaat Bayern spielen christliche Grundwerte ganz offensichtlich noch eine große Rolle, sonst würden die Menschen die Symbole nicht so sehr in der Öffentlichkeit zeigen. Es ist ganz anders als in Berlin, ein Paralleluniversum. Anders als im ganzen Osten, wo alles Religiöse verboten war und in der Zeit der DDR verloren ging. All das geht mir durch den Kopf, bevor wir am Zielort eintreffen, wo wir am Abend Senioren der CSU Schwandorf bei einem Stammtisch-Gespräch treffen werden.

Es ist bitterkalt und, als wir in Schwandorf eingetroffen sind, mittlerweile auch dunkel. Es ist eine Landkreisstadt mit 28 000 Einwohnern, geprägt von mittleren und kleinen Betrieben, darunter viele Familienbetriebe. In einem Restaurant, in dem Hirsch- und Gämsbockgeweihe an den Wänden hängen, Kerzenlicht und schöne Dekoration ein wohliges Heimgefühl vermitteln, sitzen hinten im Saal rund 30 Senioren und Seniorinnen von der CSU im Alter zwischen 60 und 80 Jahren. Sie warten bei Bier, Glühwein und Tee nicht etwa auf uns, das Kamerateam aus Berlin, sondern auf Karl Holmeier, den Bundestagsabgeordneten ihres Landkreises. Heute soll er kommen, um ihnen zuzuhören und zu erfahren, was sie ihm über die Flüchtlingskrise zu erzählen haben. Sie hoffen darauf, dass er ihre Sorgen und Ängste nach Berlin in den Bundestag trägt. Dorthin, wo die Kanzlerin sitzt, ins Zentrum der Macht.

Die meisten der Anwesenden sind Rentner. Viele haben selbst Unternehmen geführt, sich ihren Wohlstand hart erarbeitet. Einige erzählen mir, dass sie selber Geflüchtete sind. Gekommen damals, als der zweite Weltkrieg zu Ende war. Vertriebene. Sie seien nicht mehr geduldet gewesen, dort, wo sie wohnten, wo sie als Kinder aufwuchsen. Sie erzählen mir von ihrer Flucht, und sie erzählen auch, dass sie durchaus Verständnis für alle haben, die vor Krieg fliehen. Sie sagen aber auch, dass sie zwar als Flüchtlinge nach Deutschland gekommen seien, nicht jedoch in ein Land, in dem eine ganz andere Kultur herrschte und in dem die Menschen einen anderen Glauben gehabt hätten.

Diejenigen, die jetzt aus Syrien, aus dem Irak, aus Afghanistan kämen, das seien nun mal Muslime. Die hätten eine andere Kultur, andere Lebensformen, ein anderes Frauenbild. Das müsse Probleme geben, wenn es so viele seien. Sie rühmen mir meine Schweiz. Weil wir ja jetzt selber bestimmen dürften, wie viele Ausländer ins Land sollen. Das Schweizer Volk hatte ein Jahr zuvor, im Februar 2014, in einer Volksabstimmung beschlossen, die Zuwanderung zahlenmäßig zu begrenzen.

Ein bisschen später als geplant trifft Karl Holmeier, ihr Abgeordneter, ein. Er erläutert noch einmal die Flüchtlingszahlen des letzten Jahres. 1,3 Millionen seien gekommen (eine Zahl, die später von Regierungskreisen nach der genauen und detaillierten Auszählung auf 900 000 herunterkorrigiert wird), vorwiegend Muslime. Viel zu viele seien das, sagt er. Ihre CSU, ihr Horst Seehofer und auch er, Karl Holmeier, würden in Berlin alles dafür tun, dass diese Zahlen endlich runtergingen, so erzählt er den aufmerksam lauschenden Zuhörern. Er spricht von Leitkultur, von christlichen Grundwerten, welche Deutschland aufrechthalten müsse. Nicht dass es plötzlich mehr Moscheen als Kirchen gebe in Deutschland. Ich denke zurück an die Fahrt und an die vielen Kirchtürme, die ich auf dem Weg von München hierher nach Schwandorf auf der Autobahn gesehen habe.

Dann melden sich die Senioren zu Wort, einige sehr aufgebracht. Sie erzählen von ihrer Geschichte und von ihrer Flucht nach Deutschland. Aber dass sie sich eben schnell integriert hätten, schnell in eine Kultur hineingekommen seien, die sie schon lange kannten. So seien sie eigentlich keine Fremden gewesen wie die, die jetzt kommen. Aus den Worten höre ich keine Fremdenfeindlichkeit. Es ist vielmehr eine Angst vor dem Islam, vor Muslimen oder auch generell vor diesem Fremden, das sie nicht kennen. Und es ist die Angst vor der schieren Zahl. Von dieser unglaublich großen Zahl, die ihnen Holmeier nochmals mehrfach laut und deutlich vor Augen geführt hat. »1,3 Millionen Flüchtlinge«, einer von ihnen spricht es nochmals explizit aus und sieht nicht glücklich dabei aus. Nur im Jahr 2015, sagt er, und jetzt würden es noch mal so viele 2016. Nochmals 1,3 Millionen. Das könnten sie einfach nicht schaffen, ist er sich sicher. Niemand könne das schaffen. Auch nicht ein Deutschland, das im Moment wirtschaftlich stark sei und dem es gut gehe. Warum denn die Regierung in Berlin so etwas zulasse, fragt ein anderer. Ob die denn eigentlich nicht wüssten, was in den einzelnen Dörfern abgehe. Wo Turnhallen übervoll seien, die Sportvereine nicht mehr turnen und spielen könnten. Dass Damen-Turnvereine sich abends nicht mehr treffen könnten, weil die Hallen so voll mit Flüchtlingen seien. Klar sei es richtig, diesen Menschen ein Dach über dem Kopf und Zuflucht zu geben. Aber man könne doch nicht alle aufnehmen, die jetzt vor Krieg flüchten. Ein anderer ist wütend auf die EU. Europa lasse Deutschland und auch sie hier in Bayern im Stich.

Dann meldet sich eine Frau zu Wort, 75 Jahre alt, Rentnerin. Eine große Verehrerin der Kanzlerin sei sie immer gewesen, erzählt sie. »Aber was ist denn jetzt los mit dieser Frau?«, fragt sie in den Raum. Zustimmendes Kopfnicken bei allen im Saal. Wahrscheinlich alle von ihnen hier hatten viel Respekt vor Merkel, vor dem, was sie als Kanzlerin in den letzten zehn Jahren aus und für Deutschland, für Europa, gemacht hat.

Kleine Anpassungen, Veränderungen. Ruhige Führung, so dass Deutschland heute wirtschaftlich an der Spitze Europas steht. Aber jetzt ist diese Frau Merkel, vor der sie so viel Respekt hatten und die sie sosehr bewunderten, zur Gefahr geworden. Zur Gefahr für das, was sie sich hier in diesem Land in den letzten 70 Jahren seit 1946 aufgebaut und geschaffen haben. Nun ist Merkel für sie jene Frau, welche alle Flüchtlinge nach Deutschland reinlässt. Welche die Muslime und den Islam reinlässt, also das, was sie hier nicht kennen. All die islamischen Lehren und Traditionen, die so wenig mit ihren christlich geprägten Lebensformen gemeinsam haben.

Merkel und die CDU, die einstmals verlässlichen Partner, sind für sie hier in Bayern zur Hypothek und Gefahr geworden. In der gesamten Flüchtlingspolitik sehen sie keinen gemeinsamen Nenner. Vielleicht den christlichen Grundwert der Nächstenliebe, der Aufnahme von Menschen, welche vorm Krieg flüchten. Aber was die Zahl der Ankommenden betrifft, da sind sie sich nicht einig. Der Abgeordnete Holmeier fordert wie in einer Kopie der Aussagen Seehofers eine Obergrenze. Jährlich 200 000 Flüchtlinge und keinen einzigen mehr. Zustimmendes Kopfnicken im Saal.

Ich denke in diesem Moment an Versammlungen und Treffen der AfD, die ich im letzten halben Jahr besucht habe. Haben die anders argumentiert? Ja, denke ich, das haben sie tatsächlich. Dort hörte ich immer wieder von Flüchtlingen, die hierherkommen, um auf Kosten des Staates zu leben. Von ihren Steuergeldern, obwohl sie doch selber schauen müssten, dass sie ihre Familien gut über die Runden brächten. Dort ging es weniger um die Frage nach der Zahl derer, die nach Deutschland kommen, als vielmehr um die eigenen Interessen. Es ging um Ängste und vor allem um neue Konkurrenz, die kommt und ihnen etwas wegnimmt. Ihr Geld, welches sie in die Sozialkassen einbezahlt haben. Die Plätze in den Kitas und in den

Schulen. Und um ihre Arbeitsplätze. Die Diskussionen waren deutlich nationalistischer geprägt, das Motto war häufig »Mut zu Deutschland«. Es ging oft weniger um die Frage, wie viele denn kommen und wie viele Deutschland überhaupt aufnehmen kann, als um die Frage, warum denn Deutschland überhaupt aufnehmen solle. Und die Debatten waren viel gereizter, wurden viel gehässiger geführt als hier bei den CSU-Senioren in Schwandorf. Hier höre ich trotz Empörung und Verunsicherung eine gewisse Sachlichkeit in der Debatte heraus.

Am nächsten Morgen fahren wir in die nahe gelegene Ortschaft Cham. Dort besuchen wir ein Erstaufnahmezentrum für Flüchtlinge. 1300 Flüchtlinge wohnen hier, und für diese 1300 Flüchtlinge gibt es 1300 freiwillige Helfer, ein beeindruckender »Personalschlüssel«. Der zuständige Landrat, selber Mitglied der CSU, begrüßt uns und zeigt die bereitgestellte Infrastruktur. Alles macht einen modernen Eindruck, vieles ist schön und liebevoll hergerichtet. Bayern, so sieht man deutlich, das ist auch Willkommenskultur. Mitgetragen von der CSU. Viele freiwillige Helfer im Erstaufnahmezentrum sind Mitglieder der CSU. AfD-Mitglieder würden so etwas wohl nicht machen, denke ich.

Man muss auch solche Erlebnisse wie die bei dem Schwandorfer CSU-Seniorenstammtisch und im Aufnahmezentrum in Cham schildern, um deutlich zu machen, wie zerrissen diese Partei gerade sein muss. Denn nur kurze Zeit später hörte ich schon wieder ganz andere Töne. Auf einem Themenkongress der CDU/CSU sagte mir die CSU-Abgeordnete Anja Weisgerber, Merkels reuige Worte, sie würde gerne »nochmals die Zeit um Jahre zurückdrehen«, um dann einiges anders und besser zu machen mit der Regierung in der Flüchtlingskrise, seien zwar ein Schritt in die richtige Richtung gewesen. Aber sie und so viele andere in der CSU würden eben von ihr deutlich mehr erwarten. Nämlich beispielsweise so einen Satz, wie ihn der damalige EU-Ratspräsident Donald Tusk Ende 2015 gesagt habe: »Refugees, don't come to Europe!« – Flüchtlinge, kommt nicht nach Europa!

Klartext also, klare Kante, das ist es, was seine Fans sich von Seehofer und der CSU erwarten. Nicht nur ein bisschen »wir hätten dies und das anders machen können«. Das ist dann schon wieder etwas näher an der AfD.

Last exit: CSU-Parteitag

Wie sehr die Flüchtlingskrise Horst Seehofer und seiner Partei Auftrieb gegeben hat, erlebe ich auch auf dem Parteitag Ende 2016, kurz bevor Angela Merkel ihre erneute Kanzlerkandidatur verkündet.

Hell leuchten die Autobahntafeln über der Fahrbahn nordöstlich vom Münchner Stadtzentrum. Ausfahrt Messe München steht auf einer Tafel. Auf den anderen zwei Tafeln: »CSU-Parteitag«. Hier plakatiert man nicht oder stellt irgendwelche provisorischen Schilder auf. Keine halben Sachen. Hier wird die Landesverkehrszentrale offiziell angewiesen, die Hinweise in die Straßenbeschilderung und Beschriftung einzubetten, als wenn es sich um eine historisch wichtige Sehenswürdigkeit handeln würde. »So mächtig ist also die CSU in Bayern«, sage ich zum Kameramann, »hier sagt der Horst, was auf die Straßenschilder kommt.« Seehofer hat für morgen zum jährlichen Parteitag geladen.

Wir nehmen an diesem Abend im November 2016 die Ausfahrt »CSU-Parteitag«, fahren zur großen Messehalle und richten uns mit unserem Equipment ein. Alles ist in hell- und dunkelblauen Farben geschmückt, den Farben des bayrischen Wappens und des CSU-Parteilogos entkommt man nicht für eine Sekunde. An einigen Stellen ist zusätzlich der bayrische

Löwe aufgemalt, und ich habe den spontanen Eindruck, dass es sich in dieser Riesenhalle mit Platz für mehrere tausend Personen um eine fast schon sakrale Inszenierung handelt. Dabei müssen sie ihn doch gar nicht mehr krönen, den Seehofer, denke ich bei mir. Seit neun Jahren regiert er den Freistaat Bayern ohnehin ganz nach seinem Willen und Verständnis, die gleichzeitig auch Wille und Verständnis der konservativen CSU sind. Neun Jahre ist auch die Zeit, in der Seehofer bereits die CSU führt, nachdem er den Vorsitz vals Nachfolger von Erwin Huber übernommen hat.

Die geschmückte Halle, die Riesenaufmachung – unter Champions League machen sie es nicht in der CSU, hat der Kollege vom *Spiegel* vor dem Parteitag in Anlehnung an den erfolgreichen bayerischen Fußballclub Bayern München geschrieben. Bayern und die CSU sind im Selbstverständnis der Partei eben immer Bestandteil der Königsklasse. Die Debatten auf den Parteitagen jedoch hätten nicht selten das Niveau von Regionalliga-Geholze, hatte der *Spiegel* allerdings noch spöttisch hinzugefügt.

Geholzt hat Seehofer im Vorfeld des Parteitags tatsächlich. Seit fast 15 Monaten, seit Beginn der Flüchtlingskrise, hat er Merkel und die Schwesterpartei CDU in der Flüchtlingspolitik vor sich hergetrieben. Mit immer neuen Forderungen. Mit immer schärferen Asylgesetzvorschlägen. Und mit der Forderung nach einer jährlichen Obergrenze von 200 000 Flüchtlingen, welche Deutschland maximal aufnehmen dürfe.

Die Stimmung in der Union ist seither so schlecht, dass Seehofer diesmal sogar darauf verzichtet hat, Angela Merkel einzuladen. Zum ersten Mal überhaupt, dass die Vorsitzende der Schwesterpartei und dazu noch Kanzlerin nicht mit dabei sein darf. Ein Affront sondergleichen, und ein geplanter noch dazu.

Am nächsten Morgen stehen wir vor der Messehalle – und mit uns etwa zweihundert andere Fernseh-, Radio- und Printjournalisten. Dazu eine ganze Riege an Parteifunktionären. Plötzlich wird es unruhig in der Menge. »Er kommt!«, ruft einer der Funktionäre. »Er«, damit ist selbstverständlich Horst Lorenz Seehofer gemeint. Kein Zweifel kann hier aufkommen, etwa dass »Er« auch jemand anders sein könnte, denn nur um ihn, um König Seehofer, dreht sich alles in der CSU. Er wird in einer schwarzen Limousine vorgefahren. Einer hält ihm die Tür auf. Flankiert von seinem Generalsekretär Andreas Scheuer schreitet er auf die Hundertschaft Journalisten zu. Es fällt mir tatsächlich sofort auf: Seehofer läuft nicht, er schreitet. Majestätisch, besonnen, ruhig, staatsmännisch. So wie Staatsoberhäupter es tun, wenn sie bei Staatsempfängen die militärische Ehrengarde ablaufen.

Und dann stellt er sich unseren Fragen. Ob es denn klug sei, ein knappes Jahr vor den Bundestagswahlen die Kanzlerin nicht einzuladen, frage ich. Seehofer dreht sich zu mir, lächelt und sagt dann süffisant: »Es wäre besser, wenn wir gemeinsam auftreten würden. Denn dann hätten wir keine Differenzen.«

Drinnen im Saal wird er von den Parteimitgliedern frenetisch bejubelt und hat schließlich noch eine echte Überraschung bereit. Auf der Bühne, auf der er normalerweise mit der Bundeskanzlerin hätte stehen müssen, begrüßt er stattdessen den österreichischen Außenminister Sebastian Kurz. Und der Coup gelingt. Das Parteivolk tobt, minutenlanger Applaus und bayerische Jubelschreie für den mutigen 29-jährigen Youngstar der europäischen Politelite, der fast im Alleingang Monate zuvor die Balkanroute geschlossen hatte, um den Flüchtlingsstrom Richtung Deutschland und Österreich zu stoppen. »Dieser Junge hat den Irrsinn gestoppt«, sagt mir ein älterer Herr. »Er hat uns allen vorgemacht, wie's geht. Solche Politiker brauchen wir.« Mit »uns allen« wird er vor allem Angela Merkel gemeint haben. Und mit »solche Politiker« die, welche den Merkelianern die Stirn bieten.

Seehofer hat tatsächlich einen der härtesten Widersacher Merkels in der Flüchtlingskrise eingeladen. Ein eigentlich wirklich unglaublicher Affront gegenüber der Kanzlerin, denke ich. Kurz für Merkel, eine hypothetische Forderung, der hier im Saal wohl die meisten sofort begeistert zustimmen würden. Hunderte Parteimitglieder drängeln sich neben den Österreicher, um mit ihm ein Selfie auf ihrem Handy zu machen. Ein Foto mit dem Retter quasi, der sie in Bayern davor verschont hat, noch mehr Flüchtlinge aufnehmen zu müssen. Bayern, das an Österreich und an Tschechien grenzt, war erste Anlaufstation der Flüchtlinge, die über die Balkanroute kamen. So haben sie die Entlastung durch die Schließung der Balkanroute auch am deutlichsten gespürt. Und man muss auch festhalten, dass kein anderes Bundesland so viele Flüchtlinge mit Hilfe so vieler freiwilliger Helfer aufgenommen hat wie der Freistaat Bayern.

Und dennoch dürfte die Kanzlerin in Berlin einmal mehr den Kopf über das Vorgehen der Schwesterpartei und die Provokation Seehofers geschüttelt haben. Indes: Geäußert hat sie sich, ganz im Merkel-Stil, zu diesem Affront nie. Jedes Wort in der Öffentlichkeit zu solch einem Verhalten empfände sie wohl als Verschwendung, und sie weiß genau, dass sie Seehofer diesen Gefallen nicht tun darf, denn darauf wartet er nur.

In seiner sage und schreibe mehr als eineinhalbstündigen Rede verzichtet Seehofer dann allerdings darauf, Merkel persönlich anzugreifen. Aber er macht klar, mit welchem Kurs er in den Wahlkampf ziehen will. Gegen den politischen Islam und gegen Rot-Rot-Grün, welches Deutschland in eine wirtschaftliche Katastrophe stürzen würde. Seehofer spricht dabei bewusst leise. Er will sich abgrenzen von den laut schreienden Populisten im Land. Während Seehofers Generalsekretär und treuer Soldat Scheuer darauf weniger Rücksicht zu nehmen scheint: »Damit Bayern Bayern bleibt und damit Deutschland

Deutschland bleibt!«, schreit er in Anlehnung an den Wahlkampfkurs lautstark ins Mikrophon und in den Saal.

Die CSU und der Freistaat Bayern, dazwischen passt kein Blatt, so ist die Botschaft, beides gehört gewissermaßen organisch zusammen. Kein anderes Bundesland habe weniger Straftaten zu verzeichnen, keines habe ein höheres Durchschnittseinkommen, und keines zahle mehr in den Finanzausgleich, »um das rot-rot-grüne Berlin zu finanzieren«, sagt Seehofer, und der Stolz quillt ihm aus allen Poren. Sie hätten eben schon nicht alles falsch gemacht hier unten im Süden. Und mit »sie« meint Seehofer natürlich in erster Linie die CSU.

Und auch sich selbst.

Und dann sagt er jenen Satz, der den Konfrontationskurs der letzten 15 Monate gegenüber der Kanzlerin wohl am besten erklärt: »Wir wollen 2018 bei den Wahlen hier in Bayern wieder die absolute Mehrheit erreichen!«

Am Abend schätze ich den Parteitag in der Tagesschau des SRF ein: »Die CSU gibt es nur in Bayern. Aus Bayern schöpft sie ihre ganze Kraft, ihre ganze Daseinsberechtigung im Bund. Also muss Seehofer zuerst einmal schauen, dass er hier Erfolg hat. Diesen Erfolg sieht er durch die Flüchtlingspolitik der Kanzlerin bedroht. Denn er fürchtet, dass sich auch in Bayern viele der AfD zu- und von seiner CSU abwenden, wenn er Merkel folgt und nicht stramm dagegenhält. Es geht ihm also nicht um das Wohl der Union, schon gar nicht um das Wohl der Kanzlerin, es geht ihm nur um sich selbst und seine CSU.«

Auf der Rückfahrt erinnere ich mich an die Zeilen des *Spiegel*-Kollegen. Champions League, Königsklasse, Regionalliga-Geholze. Es war von allem etwas dabei, eine in jeder Hinsicht hochinteressante Veranstaltung.

Auf dem Rückweg fahren wir an einem übergroßen Plakat mit einem Mannschaftsbild des FC Bayern vorbei. »Mia san mia«, der altbekannte Wahlspruch, steht ganz groß darüber.

»Wir sind eben einfach wir«. Treffender hätte man am Ende des Tages die Stimmung und die Haltung auf dem Parteitag wohl nicht beschreiben können.

Die Grünen zwischen Bangen und Hoffen – ein Besuch bei der Kandidatenvorstellung

Die Grünen spielen in diesem Wahljahr insofern eine besondere Rolle, als sie sowohl für die SPD als auch für die Union nach der Wahl als möglicher Koalitionspartner in Frage kommen, ja sogar aktiv umworben werden. Die Grünen sind und bleiben die Grünen. Obwohl sie längst schon offiziell »Bündnis 90/Die Grünen« heißen, hat sich dieses kleine Wortungetüm nie durchgesetzt. Die Identifikation mit den Ursprüngen in der Öko-Bewegung ist wohl doch zu stark, als dass sich ein Bewusstsein für die Bürgerrechtsbewegung der DDR hätte etablieren können. Die Grünen also haben in eine alte Fabrikhalle in den Berliner Stadtteil Wedding eingeladen, um ihre Spitzenkandidaten für die Bundestagswahl vorzustellen.

»Der Wedding kommt«, sagt man in Berlin und meint damit den bevorstehenden Aufschwung dieses Ortsteils nordwestlich von Mitte, den man zu den klassischen Arbeiterbezirken von Berlin zählt. Legendär die Erzählungen über den »roten Wedding« von einst. Viele Junge leben hier, Ausländeranteil über 30 Prozent. Es ist ein Stadtteil, der für das moderne Berlin steht, das Berlin der Veränderung und des Aufschwungs dieser Stadt.

An diesem Tag ist ein kleiner Teil des Weddings also grün statt rot, und ich staune zum wiederholten Male, mit welchen Hintergedanken Parteien und Politiker bewusst Orte für medienwirksame Termine auswählen, um mit der Wahl und der Symbolik des Ortes auch gleich die Botschaft mit in die Welt zu tragen.

Die Grünen, das sind schon lange nicht mehr Sandalen und Strickpullover. Das sind nicht mehr Fundamentalopposition in Turnschuhen und unflätige Ausdrucksweise. Die Grünen haben sich verändert. Die Botschaft soll sein: Grüne stehen für die Jugend und die Zukunft.

Was sie geschafft haben: Sie sind die Schnellsten, denn die Veranstaltung ist die erste, in der eine Partei im noch jungen Wahljahr ihre Spitzenkandidaten vorstellt. Ein Signal auch, dass sie es mit dem Anspruch, wieder mitregieren zu können in Deutschland, in diesem Jahr ernst meinen. Sie wollen zurück an die Macht, wollen in einer neuen Koalition als Juniorpartner und mit eigener Regierungsarbeit der europaweit größten Volkswirtschaft den grünen Regierungsstempel aufdrücken.

Die Basis der Partei durfte in den letzten Wochen in basisdemokratischen Wahlen aus vier Kandidaten wählen. Zur Wahl standen der als Fundi geltende Fraktionschef Anton »Toni« Hofreiter, der eher unbekannte schleswig-holsteinische Umweltminister Robert Habeck, die Co-Fraktionschefin Katrin Göring-Eckardt und der Co-Parteichef Cem Özdemir, sicher einer der prominentesten Grünen im Land. Es ist exakt 13 Uhr, als auf dem Vorplatz die zwei Auserwählten auflaufen. Özdemir und Göring-Eckardt haben das Rennen gemacht und vor allem Toni Hofreiter dabei überraschend deutlich geschlagen.

Zwei, die als Zugehörige der als Realo-Flügel bezeichneten gemäßigten Grünen eine Politik des Konsenses und des Pragmatismus vertreten. Das ist dann bisweilen schon so pragmatisch und angepasst, dass Parteifreunde Katrin Göring-Eckardt manchmal leicht spöttisch auch »die grüne Angela« nennen.

Die Basis hat sich also festgelegt. Der Zukunftskurs lautet ganz klar: Wir wollen mitregieren. Auf jeden Fall in eine Koalition kommen. Nicht mehr nur auf Konfrontation setzen, und bloß nicht noch länger in der Opposition verharren müssen.

Der Triumphlauf der beiden Auserwählten führt über den heruntergekommenen Fabrikvorplatz, geschmückt mit Dutzenden Parteibannern der Grünen. Ein schönes Bild für die Kameras. Özdemir und Göring-Eckardt ziehen also Seite an Seite für die Grünen in die Wahlschlacht, und wer sie nun so Seite an Seite dort stehen sieht nach diesem inszenierten Marsch, der spürt, dass an diesem Januartag in der kühlen Fabrikhalle vor rund fünfzig Kamerateams auf der Bühne tatsächlich zwei stehen, die gute Chancen haben, bald mitzuregieren.

Beide verkörpern das, wofür die Grünen einstehen wollen: das moderne Deutschland. Göring-Eckardt als ehemalige Bürgerrechtlerin in der DDR und studierte Theologin. Özdemir, Sohn türkischer Einwanderer, ärmlich aufgewachsen im Bezirk Kreuzberg. Beide stehen auf ihre ganz eigene Art auch für ein Stück deutsche Integrationsgeschichte.

Özdemir ist gerührt und sagt, er hätte sich das nicht erträumen dürfen, damals als Türkenkind in Kreuzberg. Und es sei ihm unglaublich wichtig und erfülle ihn mit Stolz, heute hier zu stehen und die Grünen mit Kollegin Göring-Eckardt in die Bundestagswahl zu führen. Man nimmt es ihm ab. Özdemir hat eine steile Karriere gemacht, doch wirkt er immer noch bodenständig. Im Interview ist er stets höflich, dabei jedoch immer auch sehr bestimmt. Stets bereit für kurze Gespräche im Park mit Bürgern. Und er spielt, wenn es ihm die Zeit erlaubt, am Dienstagabend in einer Bolzhalle in Weißensee Fußball mit seinen Kumpels aus früheren Zeiten. Ganz schlicht und einfach, so wie alle anderen, ohne Aufsehen erregen zu wollen. Es ist zufällig dieselbe Halle, in der ich mit meinen Berliner Fußballfreunden ebenfalls an jedem Dienstag kicke. Und dann stets staune, wie bodenständig der Grünen-Parteichef seine Freizeit gestaltet. Für einen deutschen Spitzenpolitiker ist das mehr als untypisch.

Özdemir und Göring-Eckardt machen schnell klar, dass ihr Ziel die Regierungsbeteiligung ist. Und sie beeilen sich, zu betonen, dass Grün durchaus nicht im Widerspruch zur florierenden deutschen Wirtschaft stehe: »Wir müssen endlich diesen Irrglauben aus der Welt schaffen, dass Ökonomie und Ökologie in Widerspruch zueinander stehen«, sagt Özdemir und verweist darauf, dass auch die Grünen großes Interesse an einer brummenden Wirtschaft hätten, die Arbeitsplätze und Wohlstand schaffe.

Auf eins allerdings wollen sie sich an diesem Nachmittag trotz bohrender Fragen von uns Journalisten nicht festlegen. Die Frage, mit wem sie denn am liebsten zusammen regieren möchten, bleibt unbeantwortet. Natürlich ist das das übliche Wahlkampfgeplänkel, man möchte sich schließlich alle Optionen offen halten und nicht schon von Beginn an Türen verschließen, die sich je nach Wahlresultat vielleicht überraschend öffnen. Özdemir lässt einmal kurz durchblicken, auf welcher Seite des politischen Spektrum sein Herz schlägt, als er sagt, dass die Grünen ja historisch betrachtet eigentlich mit der SPD verheiratet seien. Er sagt dann aber auch, um Fragen zu einer möglichen rot-rot-grünen Koalition zuvorzukommen, mit den Linken und deren Außenpolitik sehe er keinen gemeinsamen Nenner. Und fügt dann hinzu: »Mit uns wird es außenpolitisch keine Experimente geben.« Wir alle können das nur als Wink mit dem Zaunpfahl in Richtung Angela Merkel verstehen: Grün sagt zu Schwarz: »Auf uns könnt ihr euch verlassen. Bei uns schlägt die außenpolitische Kompassnadel nicht Richtung Putin und Russland, wie bei Wagenknechts Linken.«

Beide, Göring-Eckardt und Özdemir, gelten in Berlin, anders als Hofreiter und andere Grüne, auch als Befürworter einer schwarz-grünen Koalition, weil beide mit Merkel können, weil beide als überzeugte Anhänger ihrer Flüchtlings- und mehrheitlich auch ihrer Klimapolitik gelten. Diese Grundhaltung bietet für Angela Merkel und die Union eine interessante Alternative zur Großen Koalition mit der SPD, das wird immer deutlicher. Eine neue Machtoption. Wenn da nicht Horst Seehofer wäre. Er hat einmal gesagt, mit den Grünen werde er niemals in eine Koalition treten, »dann gehen wir lieber in die Opposition.« Diese frühere Anmerkung Seehofers greift Göring-Eckardt dann auch geradezu genüsslich auf und sagt, sie könne sich auch nicht vorstellen, mit Seehofer am Regierungstisch zu sitzen.

Göring-Eckardt nimmt diesen Steilpass Seehofers also dankbar auf, um nicht von Anfang an als die dazustehen, welche nur eine Koalition mit der Union anstrebe. Trotzdem weiß jeder im Raum, dass sie sich einer solchen wohl letztendlich nicht verschließen würde.

Zum Schluss sagen sie dann noch beide, letztlich werde der Wählerwille entscheiden, wer mit wem regieren solle. Ihr Ziel sei es, ein so gutes Resultat zu erzielen, dass niemand darum herumkomme, die Grünen mit an den Regierungstisch zu nehmen.

An diesem Tag sind die Chancen auf eine zukünftige schwarz-grüne Regierung im Verbund mit einer dritten Partei gestiegen. Abends gehe ich zum Fußballspielen. Özdemir kommt heute nicht, weil er als Gast in diversen Fernsehshows geladen ist. Ich stelle mir vor, dass er vielleicht eines Tages Deutschlands Außenminister ist, und schaue auf den Bolzplatz neben uns. Dort kicken seine Kumpels. In den Trikots von Galatasaray und Besiktas Istanbul.

Exkurs: Noch einmal AfD. Wie der Weihnachtsmarktanschlag von Berlin den Rechtspopulisten in die Karten spielt

Kurz vor Weihnachten, am 19. Dezember 2016, geschieht in Berlin das, was alle in Deutschland schon lange befürchtet haben. Ein islamistischer Anschlag. Der tunesische (abgelehnte) Asylbewerber und IS-Anhänger Anis Amri rast mit einem Lastwagen in den Weihnachtsmarkt am Breitscheidplatz. Direkt vor der Berliner Gedächtniskirche sterben zwölf Menschen, mehr als fünfzig werden verletzt.

Trauer, Leid und Betroffenheit sind riesengroß, Berlin wirkt nach dem Attentat wie paralysiert. Gleichzeitig nutzen Politiker der AfD die »Gunst« der Stunde und instrumentalisieren in den ersten Stunden nach dem Terror die Tat politisch, um daraus Profit zu schlagen. Ganze 55 Minuten nach der Tat twittert der AfD-Vorsitzende von Nordrhein-Westfalen, Marcus Pretzell, Ehemann der AfD-Bundesvorsitzenden Frauke Petry: »Wann schlägt der deutsche Rechtsstaat zurück? Wann hört diese verfluchte Heuchelei endlich auf? Es sind Merkels Tote!«

Ein Tweet, der die Schwäche und die politische Unreife dieser neuen Partei aufdeckt, aber auch die Methoden, mit denen sie bereit ist, die Regierung, die Kanzlerin und das bestehende System zu zerschlagen. Solche Methoden sind antidemokratisch, weil sie auf Zerschlagung und Neuanfang abzielen, nicht aber auf gemeinsame konstruktive Problemlösung. Und solche Methoden sind Öl ins Feuer einer hitzigen und viel zu ernsten Debatte über Zuwanderung und Flüchtlinge.

Die AfD hat sich politischen Profit erhofft von einem solchen Attentat. Mehr Zustimmung durch besorgte Bürger. In den Umfragen legte die Partei im nächsten Monat tatsächlich um ein bis zwei Prozentpunkt zu. Je nach Umfrage stiegen die Werte landesweit von zehn auf bis zu zwölf Prozent Wählerzustimmung. Insgeheim hatte sich die AfD allerdings wohl noch deutlich mehr erhofft. Im September 2016 hatte der Landeschef der AfD Hessen, Peter Münch, den Bundesvorstand aufgefordert, Plakate und Banner mit der Aufschrift »Danke Frau Merkel« zu drucken, für den Fall, dass es einen islamistischen Anschlag mit Todesopfern oder Schwerverletzten geben würde. Diese Plakate sollten »direkt nach einem Anschlag an viel frequentierten Orten aufgehängt werden. Ziel: Die Bundeskanzlerin so möglichst schnell zum Rücktritt zu bringen / sie ihres Amtes zu entheben.«

Solche Plakate wurden zwar nach dem Attentat von Berlin nicht aufgehängt. In den sozialen Netzwerken allerdings äußerten sich AfD-Mitglieder und Sympathisanten tagelang im Sinne der geplanten Plakataktion. Die hier angewandte einfache Logik – Merkel hat Flüchtlinge ins Land gelassen, unter Flüchtlingen gibt es islamistische Terroristen, Merkel ist verantwortlich für die Terror-Toten –, diese einfache Logik wurde letztlich von vielen aufgeklärten Bürgern durchschaut: und dürfte der AfD mehr geschadet als genützt haben. Weil diese Radikalität und diese Art von destruktiver Wahlkampfführung einen großen Teil der deutschen Bevölkerung letztlich doch abschreckt.

Rechenspiele und Machtoptionen. Was kann im September passieren?

Wenn man sich Gedanken darüber macht, wie Deutschlands Führungsrolle in Europa künftig aussehen kann, darf man nicht bei der Betrachtung der bisherigen Politik Angela Merkels stehen bleiben. Zwar ist die Wahrscheinlichkeit, dass Merkel tatsächlich in eine weitere Amtszeit als Bundeskanzlerin gehen wird, nach wie vor recht hoch, doch hängt die künftige Politik Deutschlands natürlich auch davon ab, welche Regierungskoalition im September das Land führen wird. Die bisherige Große Koalition aus CDU/CSU und SPD hat nicht das beste Standing, sowohl im Ansehen der Wähler als auch im politischen Berlin selbst. Oft genug blockieren die beiden großen Regierungsparteien sich gegenseitig, weil auch eine Regierungskoalition nicht die Konkurrenz beseitigt, und gerade jetzt, in der Hochphase des Wahlkampfes, geht es zwangsläufig häufig eher gegeneinander als miteinander. Der Startschuss für diesen Kampf fiel im Grunde spätestens mit der Kür von Martin Schulz zum Kanzlerkandidaten der SPD. Diese Kür löste in der SPD kurzzeitig echte Euphorie aus, und getragen von dieser Euphorie und seiner eigenen hohen Selbsteinschätzung ging Schulz in mehreren Interviews auch sofort zum Angriff auf die Kanzlerin über. In einer Einzelsendung bei Talkmasterin Anne Will, die die FAZ am darauf folgenden Tag treffend als »Lehrstunde in Populismus« bezeichnete, verstieg sich Schulz zu der Behauptung, Merkel sei nicht mehr als »die geschäftsführende Vorsitzende einer sozialdemokratischen Bundesregierung«. Möglicherweise mag ihm der eine oder andere CDUler angesichts der deutlichen Linksbewegung der Partei innerlich sogar ein wenig zugestimmt haben, faktisch jedoch war das für den Juniorpartner der Großen Koalition, der in allen wesentlichen Punkten nach der Pfeife Merkels tanzte, schon eine mehr als gewagte Aussage.

Doch was werden wir nun ab September erleben? Und welche Auswirkungen haben die möglichen Koalitionen auf verschiedene Politikbereiche? Klar ist bisher nur, dass die AfD das Zünglein an der Waage in der Opposition spielen wird. Hier ist die spannende Frage, ob die Partei, je nach Regierungskoalition, eine unter mehreren Oppositionsparteien sein wird oder ob Frauke Petry im neu gewählten Bundestag sogar als Vorsitzende der stärksten Oppositionspartei grüßen wird. Letzteres ist eine gar nicht mal unwahrscheinliche Variante bei einer Fortsetzung der Großen Koalition, da sich die Stimmanteile von AfD, Linker und Grünen derzeit bei allen Umfragen in einem ganz ähnlichen Bereich zwischen etwa 10 und 12 Prozent bewegen.

Schauen wir also auf die Optionen:

Die Große Koalition: Rechnerisch die Option mit der größten Wahrscheinlichkeit

Allen Schwierigkeiten in der vergangenen Legislaturperiode und den gegenseitigen Angriffen im Wahlkampf zum Trotz darf man es nicht verkennen: Eine Fortsetzung der Großen Koalition aus CDU/CSU und SPD ist eine Variante mit hoher Wahrscheinlichkeit. Das Parteiensystem ist durch das Aufkommen der AfD mittlerweile so zersplittert, dass die Zweiervariante »große Partei – kleine Partei« als Koalition immer unwahrscheinlicher wird. Die Stimmanteile verteilen sich verhältnismäßig gleichmäßig auf die Parteien in der zweiten Reihe, und die beiden Großen verlieren dadurch prozentual an Gewicht.

Dieser Umstand berührt für den Fall einer erneuten GroKo vor allem auch einen regierungsrelevanten Punkt: Es würde sehr viel schwerer als derzeit, in dieser Konstellation Mehrheiten zu bekommen, anders gesagt: Das Regieren an sich wäre mit einer neuen Großen Koalition kaum mehr das altbekannte »Durchregieren«, sondern liefe immer wieder Gefahr, an den geringen parlamentarischen Mehrheiten zu scheitern. Allerdings dürfte das vor allem dann gelten, wenn Grüne, Linke und FDP Widerstand gegen eine Entscheidung leisten und die AfD diese Entscheidung mitträgt. Umgekehrt würde beim derzeitigen Nicht-Verhältnis zur neuen Partei wohl unabhängig von Thema und Inhalt jeder Antrag der AfD von den anderen kleineren Parteien nicht mitgetragen bzw. die Koalition unterstützt, um der AfD kein Gewicht zu verleihen.

Wie bereits angedeutet, wäre die Große Koalition für die AfD wohl die angenehmste Variante, da sie ihre eigene Bedeutung weiter stärken würde. Denn Linke und Grüne, die schon derzeit oft kaum als Opposition wahrgenommen werden, würden dann in dieser Rolle noch mehr an Gewicht verlieren, weil der Fokus stärker auf der Abwehr der AfD liegen würde als auf inhaltlichen Dingen. Und die AfD selbst könnte sich in einer solchen Situation als einzige »echte« Oppositionspartei darstellen, die einzige, die gegen die »Alt- bzw. Systemparteien« Widerstand leistet. Bei ihrer eigenen Klientel würde das gut ankommen, ohne dass selbst substanzielle Vorschläge gemacht werden müssten, und es ist zu vermuten, dass eine solche Positionierung auch weitere Wähler anziehen könnte, die vom großen Mischmasch der etablierten Parteien genug haben.

Abgesehen vom Thema AfD gibt es jedoch auch in der SPD große Vorbehalte gegen eine Erneuerung der Elefantenhochzeit. Weite Kreise der Partei sehen diese Option kritisch, weil die SPD über all die Jahre hinweg immer stärker nur als Juniorpartner einer starken CDU mit einer fast übermächtigen Kanzlerin angesehen wurde. Natürlich liegt das vor allem auch an den ewigen Streitereien innerhalb der Partei; allein die chaotischer Prozedur der Kanzlerkandidatenkür hat einmal mehr gezeigt, wie wenig handlungsfähig die Sozialdemokraten intern oft sind. Bis heute fragen sich viele, ob das scheinbare Postengeschiebe, das schließlich zur Inthronisierung von Martin Schulz geführt hat, einer basisdemokratisch orientierten Arbeiterpartei eigentlich würdig ist. Hätte man nicht die Basis über den Kandidaten abstimmen lassen müssen, anstatt ihn einfach nur zu präsentieren?

Doch solcherlei Gründe für die wacklige Position innerhalb der Regierungskoalition werden naturgemäß gerne ausgeblendet, lieber präsentiert man sich als stark und eigenständig und versucht den Anschein zu wecken, allein aus diesem Grund könne man sich mit einer erneuten zweiten Geige in der Regierung nicht anfreunden. Dass dem so ist, lässt sich aus verschiedenen Aussagen hochrangiger SPD-Politiker leicht heraushören, nicht zuletzt auch die Generalsekretärin Katarina Barley hat explizit betont, eine Große Koalition wolle man »nicht mehr«.

Was man indes nicht verkennen darf, gerade auch vor dem Hintergrund der Thesen in diesem Buch, ist die Tatsache, dass eine Fortsetzung der bisherigen Regierungszusammenarbeit außenpolitisch Stabilität suggerieren würde. Die wichtigen Gesprächspartner in Europa, aber auch außerhalb wüssten mit einer Kanzlerin Merkel recht genau, woran sie sind, und auch der außenpolitische Kurs der SPD unter dem neuen Außenminister Gabriel wäre wohl für viele Verhandlungspartner zumindest einigermaßen berechenbar. Somit wäre auf der einen Seite für das Ausland eine gewisse Verlässlichkeit vorhanden, auf der anderen Seite bestünde aber natürlich genau dadurch auch die

Gefahr, dass sich am Führungsverhalten der Deutschen in Europa nicht viel ändern würde. Eine Fortsetzung der bisherigen Koalition könnte durchaus für eine Lethargie sorgen, die die bisherige Zögerlichkeit von Deutschland als europäische Führungsmacht eher bestätigen denn beseitigen würde.

Innenpolitisch wäre darüber hinaus zu befürchten, dass es einer solchen Koalition an Antrieb mangeln würde, endlich die nötigen Wirtschaftsreformen in Angriff zu nehmen. Das böse Wort vom Reformstau könnte deutlich häufiger in den Medien auftauchen und die Arbeit dieser Regierung beziehungsweise ihr Bild in der Öffentlichkeit negativ beeinflussen.

Letztlich bleibt allerdings ganz nüchtern festzustellen, dass auf der einen Seite zwar niemand mehr so richtig diese GroKo-Fortsetzung möchte, weder auf politischem Parkett noch in der Bevölkerung, auf der anderen Seite sie jedoch trotzdem aufgrund der Mehrheitsverhältnisse diejenige Option sein könnte, die am stärksten dem durch die Wahl ausgedrückten Volkswillen entspricht. Hier liegt letztlich ein unlösbares Dilemma. Wer CDU wählt, möchte in der Regel die SPD eher nicht in der Regierungsverantwortung sehen, wer sich für die Sozialdemokraten entscheidet, wird bei einer schwarzen Führungsposition in der Regierung immer Bauchschmerzen haben. Und trotzdem führt die durch beide Wählergruppen entstandene Mehrheit dazu, dass beide wieder an die Macht kommen. Dies sind die Momente, in denen der Wähler spürt, dass die Demokratie wohl die beste aller Regierungsformen, nicht jedoch perfekt ist.

Rot-Rot-Grün: Von der SPD und vor allem von Martin Schulz bevorzugt und angestrebt

Man muss es vorab ganz deutlich sagen: Ob R2G, wie mittlerweile fast alle diese Koalitionsvariante nennen, überhaupt möglich ist, wird bis ganz zuletzt unklar sein, weil es vollkommen von den Prozentzahlen der drei beteiligten Parteien abhängt und diese stark schwanken.

Beim Redaktionsschluss dieses Buches war diese Option eher unwahrscheinlich, da alle drei Partner in den Umfragen zusammen nicht auf über 50 Prozent Stimmanteile kamen. Wie sich diese Zahl in den verbleibenden Wochen bis zur Wahl am 24. September entwickeln wird, ist kaum vorherzusagen, zu stark sind gerade auch die Ergebnisse der Grünen und der Linken von einzelnen Ereignissen abhängig, zu viel Bedeutung haben vor allem auch schon geringe Abweichungen von einem oder zwei Prozent nach oben oder nach unten für das Gesamtbild. Eine solche Abweichung, die letztlich nur ein paar tausend Wählerstimmen bedeutet, kann letztlich über Wohl und Wehe dieser Variante entscheiden, sie kann darüber entscheiden, ob R2G überhaupt geht oder eben nicht.

Gleichwohl haben wir es hier mit der Regierungsvariante zu tun, die innerhalb der SPD am beliebtesten ist, erst recht, seit mit Martin Schulz ein Kanzlerkandidat am Ruder ist, der nie einen Hehl daraus gemacht hat, dass er sich in einer solchen Konstellation am wohlsten fühlen würde. Kein Wunder, ist sie doch seine einzige Chance, nicht nur ein paar Monate als Kanzlerkandidat durch die Lande reisen zu dürfen, sondern schlussendlich tatsächlich auch als neunter Bundeskanzler in die Geschichte Nachkriegsdeutschlands einzugehen. Nur R2G bietet die Chance darauf, dass die SPD in einer Koalition die stärkste Fraktion ist und damit auch den Kanzler stellen darf. Rot-Grün ist rein rechnerisch extrem unwahrscheinlich, und in einer Neuauflage der Großen Koalition dürfen die Chancen, die CDU im Wahlergebnis 2017 noch zu überholen, nach wie vor als eher gering eingeschätzt werden.

Also muss man in der SPD voll auf dieses Pferd setzen, unabhängig davon, ob in der Vergangenheit auch von Sozialdemokraten immer wieder betont wurde, im Bund halte man die Linke für nicht koalitionsfähig. Die Regierungsbeteiligung in verschiedenen Landesregierungen hat diese Position aufgeweicht, oder sollte man besser sagen: eliminiert? Die Linke hat sich mittlerweile von ihrer SED-Vergangenheit derart perfekt emanzipiert, dass kaum jemand sich noch traut, dieses Argument anzuführen. Wobei die beschriebene Tatsache, dass es vor allem so eine Chance auf Martin Schulz als Bundeskanzler gibt, ihr Übriges dazu tun dürfte.

Überlegt man sich, welche Auswirkungen eine derartige Koalition wohl auf das Land haben könnte, so stolpert man gleich beim Thema Außenpolitik und damit auch bei der Frage nach dem deutschen Führungsanspruch in Europa. Außenpolitisch brächte R2G zunächst einmal vor allem große Verunsicherung, weil der künftige Kurs der deutschen Außenpolitik ganz grundsätzlich in Frage stünde. Die Linken zeichnen sich seit jeher durch eine große Abneigung gegenüber den USA aus und dürften sich seit dem Wahlsieg von Donald Trump – unabhängig von der Realität im Einzelnen – noch in dieser Haltung bestätigt sehen. Gleichzeitig stehen sowohl die Linke als auch der linke Flügel der SPD eher für eine russlandfreundliche Position.

Daraus lässt sich nur schließen, dass die bisherige stabile Politik einer eindeutigen Westbindung der Bundesrepublik durch eine solche Koalition in Gefahr wäre, mit unabsehbaren geopolitischen Konsequenzen. Gerade die schwer einzuschätzende und bei vielen Ablehnung hervorrufende Politik Trumps sorgt dafür, dass die Amerikafeindlichkeit linker politischer Kreise enormen Auftrieb bekommt, auch bei den Grünen wird das tendenziell durchaus mehrheitsfähig sein, abhängig davon, wie groß der realpolitische Anteil dort gerade ist. Dass eine vollkommen berechtigte Kritik an Trump nicht die generelle Ausrichtung der seit Jahrzehnten bewährten deutschen

Außenpolitik in Frage stellen darf, wird verschiedenen Politikern in einer solchen Koalition nur schwer zu vermitteln sein.

Die Abkehr von der unbedingten Westbindung ist die eine Auswirkung, die bei Rot-Rot-Grün zu befürchten wäre, der zweite außenpolitische Effekt wäre, dass es mit einer sinnvoll ausgeprägten Führungsrolle der Deutschen in Europa dann wohl erst mal generell vorbei wäre. Der in diesem Buch mehrfach erwähnte Grundsatz: »Führen heißt nicht befehlen«, dürfte von großen Teilen des zu erwartenden Personals in einer R2G-Koalition weder geteilt noch verstanden werden. Hier verbleibt man in alten Denkmustern, in denen eine deutsche Führungsrolle, gleich, welcher Art, immer ein Schreckensszenario darstellt, das es in jedem Fall zu verhindern gilt. Realpolitisches Denken, bei dem man bemerken würde, dass es gerade eine solche Führungsrolle der Deutschen sein könnte, die dazu beiträgt, langfristig Frieden und Stabilität in Europa zu sichern, hat da oft keine Chance. Eine solche Haltung ist schlicht unvorstellbar.

Aber auch innenpolitisch wäre von R2G wenig Gutes zu erwarten; eine Stärkung des linken SPD-Flügels, gemeinsam mit der Linken und den Fundis der Grünen, würde vor allem in der Wirtschaftspolitik für große Probleme sorgen. Nötige Wirtschaftsreformen, die den führenden Standort Deutschland sichern würden, kämen gar nicht erst in die Diskussion, dafür würde eine klassische linke Wirtschaftspolitik fröhliche Urständ feiern, die immer und immer wieder nach dem Staat ruft, anstatt unternehmerische Freiheit zu fördern, und damit auch die schwarze Null, die die bisherige Wirtschaftspolitik der Bundesregierung hervorgebracht hat, erheblich gefährden würde. Besser gesagt: Es wäre vorbei mit dieser schwarzen Null, der Staat würde wieder eine erhebliche Neuverschuldung propagieren und sich damit freiwillig aus einer Position der Stärke heraus in neue Abhängigkeiten begeben. Für die

Wirtschaft muss eine solche Koalition eigentlich das sprichwörtliche rote Tuch sein.

In der Sicherheitspolitik wäre ebenfalls eine Abkehr von mühsam eingeführten Standards zu befürchten. Sicherheit ist nicht gerade eine Kernkompetenz links stehender Regierungen, zielführende Maßnahmen hinsichtlich des Antiterrorkampfes dürften in einer solchen Konstellation zumindest deutlich erschwert werden, weil realpolitische Kreise bei SPD und Grünen sich erst einmal gegen diejenigen durchsetzen müssten, denen staatliche Sicherheitspolitik ganz grundsätzlich als faschismusverdächtig gilt.

In diesem Zusammenhang wäre auch eine Stärkung des Bundesnachrichtendienstes BND und des Verfassungsschutzes zumindest in Frage gestellt, wenn nicht sogar das Thema einer Abschaffung des Verfassungsschutzes, auch ein Lieblingsthema linker Kreise, wieder auf den Tisch käme.

Wer in Berlin lebt, hat überdies seit geraumer Zeit das Muster einer R2G-Regierung täglich vor Augen, und man kann die Bilanz dieser Koalition in der Hauptstadt bisher nur als Fiasko bezeichnen. Natürlich lässt sich Berlin als Bundesland nicht eins zu eins auf den Bund übertragen, aber bestimmte Muster typischen R2G-Regierungshandelns sind klar zu erkennen und würden mit an Sicherheit grenzender Wahrscheinlichkeit auch auf Bundesebene auftauchen.

Schwarz-Grün: Merkels Präferenz

Vor noch nicht allzu langer Zeit war das eine Koalitionsoption, für die jeder, der sie vorgeschlagen hätte, ausgelacht worden wäre. Jedoch: The times, they are a-changin'… Wurde schon seit einiger Zeit zumindest hinter vorgehaltener Hand darüber geredet, ob sich die Politikansätze der nach links gewanderten CDU und der Grünen nicht produktiv vereinen ließen, so ist es mittlerweile ein offenes Geheimnis, dass Angela Merkel diese Variante, die im Moment aber wegen der zu tiefen Wähleranteile eher unwahrscheinlich ist, auch anderen gegenüber vorziehen würde.

Die Testläufe sehen wir seit einiger Zeit sowohl in Baden-Württemberg, dort sogar unter grüner Führung, und in Hessen. In beiden Bundesländern hat es nicht den Anschein, als ob seit der Regierungsbildung alles den Bach hinunterginge. Sowohl in Stuttgart als auch in Wiesbaden funktioniert die Zusammenarbeit zwischen diesen so lange als vollkommen inkompatibel geltenden Parteien, und Angela Merkel hat das längst mit großer Zufriedenheit wahrgenommen.

Für die Kanzlerin sind die Grünen mittlerweile das, was lange Jahre die FDP für die Union war: der ideale Juniorpartner. Der Stimmanteil dürfte deutlich kleiner ausfallen als bei der SPD, somit sind CDU-Positionen in der Regierung leichter durchzusetzen, denn es bliebe auch eine größere Anzahl an Ministerien in Unions-Hand. Man hätte also wieder, wie eben früher mit den Liberalen, einen Koalitionspartner in einer überschaubaren Größenordnung, der auf den wesentlichen Politikfeldern im Großen und Ganzen nach der Unionspfeife tanzen müsste.

Das wiederum dürfte vielen Grünen gar nicht mehr so schwerfallen, auch hier hat ein kompletter Paradigmenwechsel stattgefunden, der dem CDU-internen Kurswechsel der Bundeskanzlerin zu verdanken ist. Merkels Politik der letzten Legislaturperiode scheint auf den ersten Blick fast zu einhundert Prozent Grünen-kompatibel zu sein. Nicht umsonst hat man bei Treffen mit dem baden-württembergischen Ministerpräsidenten Winfried Kretschmann häufig das Gefühl, dass da zwei zueinander gefunden haben, bei denen es einfach passt.

Nun wird Kretschmann zunächst natürlich in Stuttgart bleiben, und Merkel bekäme es in Berlin vor allem mit den

Spitzenkandidaten der Grünen, Katrin Göring-Eckardt und Cem Özdemir zu tun. Doch auch hier sind wenig Probleme zu erwarten, muss man doch beide dem Realo-Flügel der Partei zuordnen. Die Tatsache, dass sich etwa Anton Hofreiter, der eher dem linken Grünenflügel zuzurechnen ist, bei der Abstimmung über die Kandidaten nicht durchsetzen konnte, darf durchaus als Signal verstanden werden. Die Grünen sind so weit: Sie wollen Jahre nach dem ersten Versuch mit der SPD wieder in die Bundesregierung auch mit dem einstmals unmöglichen Koalitionspartner CDU. Selbst wenn sie dadurch die CSU mitkaufen müssen.

Apropos CSU: Hier liegt einer der wunden Punkte dieser Variante. Während Angela Merkel mittlerweile ihre Partei in dieser Frage weitestgehend hinter sich gebracht hat und man von einer großen Akzeptanz einer solchen Regierung in der CDU ausgehen darf, dreht sich der Mehrheit der CSUler allein bei dem Gedanken an eine gemeinsame Bundesregierung mit den Grünen schon der Magen um.

Somit ist die Frage, ob Horst Seehofer einer solchen Option seinen Segen geben würde, von entscheidender Bedeutung. Allerdings gibt es auch für den CSU-Chef gewisse Zwänge, die ihn dazu bringen könnten, mit Bauchschmerzen zuzustimmen. Das wäre vor allem dann der Fall, wenn eine neuerliche Große Koalition nicht zustande käme und Schwarz-Grün die einzige Möglichkeit wäre, R2G zu verhindern. In einem solchen Fall ist stark anzunehmen, dass Seehofer aus taktischen Gründen über seinen Schatten springen und auch die CSU-Basis diese Variante als das kleinere Übel betrachten würde.

Die Wahrscheinlichkeit einer schwarz-grünen Koalition wird letztlich von zwei Dingen gemindert. Das beschriebene Unwohlsein in der CSU ist der eine Grund; mehr als ein vehementes, aber auch wohl taktisch zu wertendes Nein von Horst Seehofer war zu dieser Frage bisher im Grunde auch nicht zu hören. Der andere Grund ist banaler und doch schwerwiegender, denn genauso, wie das Dreierbündnis R2G wird wohl auch die Kombination aus CDU und Grünen es nicht über die 50 Prozent-Marke schaffen, so dass bei strittigen Fragen im Bundestag immer noch eine Mehrheit der Opposition Vorhaben stoppen könnte. Durchregieren ist in solchen Fällen immer schwierig, und Angela Merkel weiß das. Es könnte der Grund sein, sich eine weitere Variante zu überlegen, die ich persönlich für die Wahrscheinlichste neben einer Neuauflage der Großen Koalition halte: Jamaika

Schwarz-Gelb-Grün, genannt Jamaika: Variante mit hoher Wahrscheinlichkeit

Interessanterweise wird über diese Variante öffentlich nur wenig spekuliert. Vermutlich liegt das daran, dass die FDP in den letzten Jahren ein wenig aus dem Bewusstsein der Betrachter verschwunden ist. Die Umfragen zum Redaktionsschluss dieses Buches zeigten die Partei jedoch relativ stabil bei Werten von über fünf Prozent, so dass ein Einzug in den Bundestag nicht unwahrscheinlich ist.

Vor dieser Ausgangslage könnte die FDP Zünglein an der Waage spielen und Merkels Wunsch Schwarz-Grün ermöglichen, indem ein Tupfer Gelb hinzugefügt wird. Gemeinsam könnten möglicherweise alle drei Parteien über 50 Prozent der Stimmen auf sich vereinigen, so dass es eine Regierungsmehrheit gäbe, die von der Opposition nicht so ohne weiteres gestoppt werden könnte. Zumal diese Opposition, die dann aus SPD, Linker und AfD bestünde, ohnehin uneins wäre und dem Regierungswillen noch nicht einmal Geschlossenheit entgegenzusetzen hätte.

Die geringe Aufmerksamkeit, die diesem Regierungsbündnis zuteil wird, ist auch deshalb unberechtigt, weil die drei Parteien mittlerweile wirtschafts- und sicherheitspolitisch weitgehend kompatibel sind. Die FDP war immer von einer gewissen Flexibilität geprägt, wenn sich die Gelegenheit ergab, an der Macht beteiligt zu werden, Grüne und CDU bewegen sich seit langem aufeinander zu, so dass größerer Koalitionsstreit in wichtigen Fragen kaum zu erwarten wäre.

Auch in der Außenpolitik kann man das so sehen, seitdem die Grünen mit der Kür von Özdemir und Göring-Eckardt das entscheidende Zeichen gesetzt haben. Cem Özdemir hat unmittelbar nach der Wahl unmissverständlich klargemacht, dass es mit den Grünen keine Experimente auf diesem Feld geben werde. Das kann nur als Angebot an Angela Merkel verstanden werden, ihrem bisherigen Kurs weitgehend zu folgen und bei neuen Entscheidungen große Kompromissbereitschaft zu zeigen.

Mit der FDP in der Regierung wäre ein Baustein präsent, der der Wirtschaftsmacht Deutschland guttun könnte. Wenn sich klassische FDP-Ansätze durchsetzen können, besteht in diesem Bereich die Möglichkeit, den Wirtschaftsstandort Deutschland noch flexibler, anpassungsfähiger und damit vor allem auch krisenresistenter zu machen. Indem man auf diese Weise die Attraktivität des Wirtschaftsstandortes Deutschland erhöhte, würde man das Land noch wettbewerbsfähiger machen.

Diese Wettbewerbsfähigkeit und Krisenresistenz in ökonomischer Hinsicht ist ein wesentlicher Punkt bei der Frage nach dem deutschen Führungsanspruch in Europa. Nur ein Land, dessen Wirtschaft floriert und das in dieser Hinsicht eine größtmögliche Unabhängigkeit geschaffen hat, kann den Anspruch erheben, an der Spitze des Prozesses zu stehen, an dessen Ende alle europäischen Staaten profitieren.

Natürlich wird auch bei dieser Variante eine Rolle spielen, wie sich die CSU verhält, doch dürfte es sich hierbei genauso verhalten wie bereits bei der Variante Schwarz-Grün beschrieben. Wenn mit einer solchen Koalition Rot-Rot-Grün verhindert werden kann, wird Horst Seehofer der Letzte sein, der sich dem in den Weg stellt. Es ist eher zu erwarten, dass Seehofer die Situation als gute Verhandlungsbasis für die CSU begreift und als solche nutzen wird. Er wird also Bedingungen stellen, was personelle Besetzungen in den Ministerien angeht, wird inhaltliches Entgegenkommen fordern und einfach testen, wie weit er damit kommt. Letztendlich jedoch ist nicht zu erwarten, dass Seehofer und die CSU eine Jamaika-Koalition wirklich verhindern würden.

In den Monaten vor der Wahl wird zusätzlich sicher sowohl von der CDU als auch von den Grünen sehr genau beobachtet werden, wie sich die FDP unter Christian Lindner aktuell positioniert. Lindner hat bereits frischen Wind in die Partei gebracht, die leicht besseren Ergebnisse bei den letzten Landtagswahlen und der steigende Bundestrend sind sicher auf eine kleine Aufbruchstimmung zurückzuführen, die er initiiert hat.

Jamaika und GroKo: Hier wird es sich entscheiden

Aus meiner Sicht als externer Beobachter ist Jamaika neben der Fortführung der Großen Koalition die wahrscheinlichste Variante und steht somit zu Unrecht nicht im Fokus der Aufmerksamkeit. Das mag daran liegen, dass die AfD mittlerweile so große Irritation in der Parteienlandschaft und auch bei den professionellen Beobachtern ausgelöst hat, dass andere Dinge daneben verschwinden. Liest man sich quer durch die Presse, schaut die großen Talkshows und surft durch die Online-Angebote, so bemerkt man schnell, wie viel Aufmerksamkeit die Auseinandersetzung mit der AfD bindet. Die Frage der Hamburger Podiumsdiskussion, »ignorieren oder bekämpfen?«, ist insofern längst beantwortet. Nicht zuletzt seit den Auslassungen eines Björn Höcke über die deutsche Erinnerungskultur und das (Holocaust-)»Mahnmal der Schande« ist man sich ziemlich einig, die Partei insgesamt als Gefahr für die Demokratie zu brandmarken und sie entsprechend zu bekämpfen. Bisweilen geht dabei die Aufmerksamkeit für die grundlegenden Fragen in der Sozial-, Bildungs- oder auch Wirtschaftspolitik ein wenig verloren.

Auch wenn der SPD-Kanzlerkandidat Martin Schulz dabei bleibt, ein R2G-Bündnis zu präferieren, kann er sich der Tatsache nicht verschließen, dass es dazu rechnerisch vermutlich nicht reichen wird. Schulz und die SPD werden also gut daran tun, sich rechtzeitig mit dem Gedanken an eine neuerliche GroKo zu beschäftigen, wollen sie eine ernsthafte Option auf die Macht erhalten.

Auch wenn die Sozialdemokraten seit Beginn des Wahljahres in den Umfragen zugelegt haben, dürfte dies die einzige Möglichkeit für sie darstellen, ab September weiterhin Regierungspartei zu sein. Angela Merkel und die CDU dürften bevorstehende Koalitionsverhandlungen wohl aus einer komfortableren Position heraus angehen können. Gleichwohl dürfte für Merkel vollkommen klar sein, dass sie ein neuerliches Zusammengehen mit der SPD besser verhindern sollte. Wer sich einmal das *stern*-Interview durchgelesen hat, das Sigmar Gabriel bei seinem Rückzug als Kanzlerkandidat gegeben hat, kann ermessen, wie »gut« die Stimmung in der Großen Koalition derzeit sein muss und in der Vergangenheit gewesen sein könnte. Gabriels dort formulierte Anwürfe gegen Merkel sind so massiv, dass sie auch eine mögliche Vertrauensbasis Schulz-Merkel von vornherein beschädigt haben, ganz abgesehen von der Zusammenarbeit der Kanzlerin mit einem Außenminister Gabriel.

Somit dürfte die größere Wahrscheinlichkeit sogar bei einer schwarz-grün-gelben Jamaika-Koalition liegen, bei der der Einzug der FDP in den Bundestag und die Zustimmung

Horst Seehofers und der CSU die unsichersten Variablen sind. Werden diese beiden Hürden übersprungen, wird es möglicherweise eine Koalition geben, die Deutschland bisher noch nicht gesehen hat.

Nachklapp: Schulz schießt empor – CDU und CSU schließen zähneknirschend Frieden

Die bange Zeit bei einem Buch zu aktuellen Themen ist immer diejenige zwischen dem Redaktionsschluss für das Manuskript und dem Erscheinen des fertigen Buches. Auch während der Arbeit an diesem Buch hätte ich quasi täglich neue Wasserstandsmeldungen mit einbauen können, gerade in Bezug auf die Frage nach den Umfragewerten und den sich daraus ständig ändernden Koalitionsoptionen. Natürlich muss man irgendwann den letzten Punkt setzen, doch folgende kleine Reportage soll am Ende des »Was-passiert-wenn«-Kapitels über die Koalitionsmöglichkeiten noch Platz finden, weil sie zeigt, wie fragil die Situation derzeit ist und wie schnell auch der scheinbar sichere Sieg von Angela Merkel und der CDU, mit welchem Juniorpartner auch immer, wieder in Gefahr geraten kann.

Ich bin mit meinen Team zum Dreh im Pressesaal des CSU-Hauptquartiers im Maxvorstadt-Viertel in München. Gerade eben erst haben Angela Merkel und Horst Seehofer diesen betreten und sich direkt zum Podium begeben. Nachdem sie Platz genommen haben, richten sich ihre Blicke starr aufs Mikrophon, das vor ihnen auf dem Pult steht.

Fast der gesamte Hauptstadtmedientross ist aus Berlin angereist, um über den Friedensgipfel zwischen CDU und CSU zu berichten. Nach all den Scharmützeln ist es nicht verwunderlich, dass dieses Treffen solch einen sprechenden Namen verpasst bekommen hat. 17 Monate lang hat Seehofer mit verbalem Dauerfeuer die Kanzlerin und die CDU unter Druck gesetzt. Er hat ihr wegen ihrer offenen Flüchtlingspolitik mit einer Verfassungsklage gedroht, ihr gar eine Herrschaft des Unrechts unterstellt. Und jetzt also, am 6. Februar des Wahljahres 2017, soll die große Versöhnung stattfinden, besser gesagt: Sie muss stattfinden, damit die Union es endlich schafft, ihre Reihen zu schließen, um geeint in den Wahlkampf zu ziehen.

Eine Stunde zuvor hat eine Meldung der Bild-Zeitung ein News-Beben im ganzen Land ausgelöst. Auf Millionen Handys verbreitete sich mittels Push-Meldung, dass die SPD mit ihrem Kanzlerkandidaten Schulz in einer Umfrage des Insa-Meinungsforschungsinstituts erstmals vor der Union liegt. Die SPD mit 31 Prozentpunkten, die Union mit 30. Die SPD nach fünf Jahren Dauerdepression plötzlich vor CDU und CSU. Schulz vor Merkel. Es mutet sensationell an, mit einem solchen Schub durch die Kür des Kanzlerkandidaten hat wohl nicht mal der kühnste Sozialdemokrat gerechnet. Just in diesem Moment müssen Merkel und Seehofer Frieden vorspielen. Das Treffen war lange vorher geplant. Die Umfrage nicht. Also ist größtmögliche Professionalität gefragt.

Und so sitzen sie vor der erwartungsfrohen Hundertschaft Journalisten. Ihre Blicke treffen sich nicht, Lachen schenken sie einander schon gar keines. Nicht einander, nicht der Presse. Merkels Mundwinkel sind noch tiefer runtergezogen als sonst. Seehofer bemüht sich um Haltung und spricht dann betont sachlich ins Mikro:

»Die Stimmung in den Beratungen war insgesamt gut. Wir ziehen gemeinsam in diesen Wahlkampf. Wir arbeiten an einem wirklich den Menschen dienenden Zukunftsprogramm.«

Die Kanzlerin ergänzt:

»Wir brauchten Zeit, um uns zu vergewissern: Sind die Gemeinsamkeiten tragfähig?

Jetzt habe ich das Gefühl, dass wirklich alles besprochen ist. Und es bleibt aus meiner Sicht noch genügend Zeit bis zum 24. September, der Bevölkerung diese Gemeinsamkeiten darzulegen.«

Man hat sich also entschieden, gemeinsam weiterzugehen. Nicht, weil man sich plötzlich wieder so sympathisch findet, sondern einfach nur, weil man eben nicht anders kann in einem Wahljahr. Und weil Ereignisse wie die aktuelle Umfrage beide Vorsitzenden haben erkennen lassen, dass der Feind eigentlich nicht die Schwesterpartei ist, sondern die andere große Volkspartei, die SPD.

Diese SPD, sie hat nach dem Abgang des unglücklichen Sigmar Gabriel plötzlich wieder ein Gesicht bekommen, das sich durch Deutschland lacht und machtwillig kämpft: Martin Schulz soll es richten, und wenn man sieht, wie die Werte schießen, ist man geneigt, zu glauben, dass es klappen kann. »Der heilige Martin« hat der Spiegel schon erwartungsfroh getitelt.

Der Mann aus Würselen tut den SPD-Stammwählern gut, weil er voller Energie und Lust von sozialer Gerechtigkeit spricht, die er dem Land und seinen Menschen zurückbringen werde. Und als wenn der Wahlkampfmanager ihm gesagt hätte, dass es einen Kontrapunkt zur oft missmutig wirkenden Kanzlerin braucht, lacht er fast immer dabei, weil ihm die Politik, weil ihm der Wahlkampf Spaß macht. Ein Spiel, auf das Angela Merkel sich nicht einlassen wird. Sie erklärt zum neuen Herausforderer und dessen Höhenflug in den Umfragen monoton und ohne jegliche Gefühlsregung: »Bisher habe ich jeden meiner Herausforderer ernst genommen.«

Gemeinsam beantworten Merkel und Seehofer die vielen Fragen. Über Kränkungen, über Zweifel, über die angedrohte Verfassungsklage. Beide zeigen keine Emotionen, von Merkel kennt man das, Seehofer dürfte es eher schwerfallen. Keine Antwort, in der man irgendetwas Persönliches, etwas Berührendes heraushört. Alles ganz sachlich, ruhig und emotionslos. Es ist ein bisschen wie ein Verhör vor dem Scheidungsgericht, in dem ein Ehepaar sitzt, das schon lange nichts mehr füreinander übrig hat. Ein Ehepaar, bei dem jeder Partner schon lange nur noch sein eigenes Leben führt. Dieses Bild vor Augen denke ich spontan: Die Union hat sich auseinandergelebt. Merkel will nicht mehr mit Seehofer. Seehofer will nicht mit Merkel. Aber trennen, das geht jetzt nicht. Weil dann alles zerbricht. Die ganze Familie, die ganze Union.

Mein Kameramann filmt die Gesichtsausdrücke der beiden ganz nah. Er schaut mich an und flüstert: »Das ist der Anfang vom Ende von Merkel.« Ich frage mich, ob dieser Satz in diesem Moment einer von jenen ist, die man im Leben nicht mehr vergessen wird.

Der Friedensschluss von München ist durch den Überraschungscoup der SPD zum medialen Fiasko verkommen. CDU und CSU sehen sich gegenseitig nur noch als notwendiges Übel, berichte ich am Abend in der Tagesschau des Schweizer Fernsehens. Die deutschen Medien fragen in Überschriften und Sondersendungen: Wie müde ist Merkel? Und wie merkelmüde ist Deutschland?

Natürlich ist der Wahlkampf zu diesem Zeitpunkt noch jung. Die Kandidaten stehen erst am Anfang einer langen und schweren Tour. Aber Schulz und die SPD sind ganz plötzlich zurück im Spiel. Angela Merkel war immer drin und bleibt es auch, und mit ihr die CSU. Vielleicht ist es der gemeinsame erstarkte Feind, der die abgelebte Ehe wiederbelebt, das gemeinsame Ziel, Rot-Rot-Grün zu verhindern.

Aber seit diesem Tag wird offensichtlich, dass es in Deutschland eben doch mehr Menschen als bisher angenommen gibt, welche sich nach 12 Jahren eine Alternative zu Merkel wünschen. Und an diesem Tag wird auch klar, dass plötzlich die SPD wieder eine echte Alternative sein kann.

Exkurs: Unabhängig von der Koalition: Welche innenpolitischen Reformen eine neue Regierung angehen muss

Die Frage nach der möglichen Regierungskoalition ist das eine, und natürlich spielt diese Frage im Vorfeld der Bundestagswahl die größte Rolle und erfährt das größte Interesse. Man sollte aber darüber nicht vergessen, dass der schwere, große Tanker Deutschland unabhängig davon, wer ihn in den kommenden vier Jahren durch alle Stürme steuern darf, einige Überholungen nötig hat, um der rauen See besser zu trotzen. Deutlicher gesagt: Deutschland hat in den letzten Jahren vor allem die Südeuropäer der EU zu Reformen gedrängt, dabei aber außer Acht gelassen, dass auch im eigenen Land ein erheblicher Stau entstanden ist und verschiedene Reformen zwingend notwendig sind. Das Land hat die boomende Weltwirtschaft genutzt und sich damit regelmäßig zum Exportweltmeister gemausert, man hat sich gewissermaßen aus der eigenen Krise »herausexportieren« können. Dies ist jedoch ein trügerisches Erfolgsmodell, bei dem man sich zuletzt zu sehr auch auf den Effekten der Agenda 2010 ausgeruht hat.

Die Regierung Merkel hat sich in der letzten Legislaturperiode dabei sehr stark auf soziale Wohltaten konzentriert und dabei strukturelle Reformen weitgehend ignoriert. Diese Wohltaten – zu nennen wären etwa der Mindestlohn, die mögliche Rente mit 63, die Frauenquote – gelten als Arbeits- und Erfolgsnachweis und sind es zum Teil sicher auch. Doch lässt man dabei außen vor, dass gerade jetzt, in dieser Phase des wirtschaftlichen Erfolgs, die Gelegenheit bestände, Strukturreformen umzusetzen. Denn in einer Zeit des wirtschaftlichen Wohlergehens ist auch die Akzeptanz für solche Reformen höher, als wenn das Land an sich selbst krankt und der soziale Friede auf dem Spiel steht. Hier wäre eine antizyklisch statt prozyklisch handelnde Politik dringend notwendig, und hier liegen die vielleicht größten Versäumnisse der Großen Koalition in den letzten vier Jahren. Offenbar hat man im Zuge der großen Flüchtlingskrise das Augenmerk nicht auf diese nötigen Reformen gerichtet und sie entweder vergessen oder verdrängt, weil die Prioritäten aus naheliegenden Gründen anders gesetzt wurden.

Fakt ist jedoch, dass zahlreiche Ökonomen dringend zu Reformen raten – allen voran der deutsche Sachverständigenrat für Wirtschaft, der explizit in seinem Jahresgutachten 2016/17 mahnt:

> *»Aus Sicht des Sachverständigenrates hat die Bundesregierung die gute ökonomische Entwicklung der vergangenen Jahre* nicht ausreichend für Reformen genutzt. *Einige Maßnahmen der Bundesregierung wie die Einführung des flächendeckenden Mindestlohns und das Rentenpaket könnten die Wirtschaftsentwicklung sogar schwächen. In den kommenden Jahren sollte sich die Wirtschaftspolitik stärker an der* Wettbewerbs- und Zukunftsfähigkeit *der deutschen Volkswirtschaft orientieren.«*

Das ist schon eine deutliche Warnung, die man ernst nehmen sollte. Zumal auch viele anderen Ökonomen mahnend den Finger heben; zu nennen wären da beispielsweise das »Deutsche Institut für Wirtschaftsforschung« und deren Direktor Marcel Fratzscher.

Um welche Reformen geht es dabei vorrangig? Um nur einige zu nennen, hier eine kleine Aufzählung:

– Reform des sozialen Sicherungssystems

Die gesetzliche Rentenversicherung müsste durch eine Erhöhung des gesetzlichen Renteneintrittsalters gestärkt werden, auch wenn viele Politiker diese unangenehme Diskussion scheuen wie der Teufel das Weihwasser. Letztendlich bedeutet eine solche Entscheidung nichts anderes, als dass man die Rentenversicherung demografiefest macht, sie also an die deutlich höhere Lebenserwartung anpasst.

Das ist ein gutes Beispiel für eine dringend notwendige Strukturreform, die sich nicht als soziale Wohltat verkaufen lässt, für die Zukunftssicherung des Landes jedoch unerlässlich ist. Der Mut zu solchen Reformen zeichnet eine handlungsfähige Regierung aus.

– Reform der Steuerpolitik

Hier gilt es vor allem, bei steuerlichen Entlastungen für Unternehmen anzusetzen, denn durch eine solche Reform der Unternehmensbesteuerung würde die Wettbewerbsfähigkeit der deutschen Wirtschaft erheblich zunehmen. Das fördert zum einen die Standortattraktivität und ist zum anderen auch ein Garant für Arbeitsplätze, hätte somit also letztlich auch einen sozialen Effekt, der aber eben erst im Nachgang sichtbar wird.

– Erbschaftssteuer senken

Eine Senkung der Steuersätze für die Erbschaftssteuer würde dafür sorgen, dass Firmen-Vererbungen wieder deutlich attraktiver werden. Eine zu hohe Steuer in diesem Bereich verhindert das. Zugleich ließe sich dadurch die Standortattraktivität für ausländische Investoren erhöhen.

– Augenmerk auf die Infrastruktur lenken

Dies ist einer der wichtigsten Punkte. Deutschland braucht dringend mehr öffentliche Investitionen in Infrastruktur, Zufahrtswege, Gütertransportmöglichkeiten und nicht zuletzt in die Digitalisierung, um den Wirtschaftsstandort Deutschland attraktiv zu machen. Zuletzt investierten deutsche Unternehmer gerade wegen erheblicher Mängel in den genannten Bereichen sehr viel stärker im Ausland und immer weniger in Deutschland.

– Stärkere Förderung von Qualifikation und Bildung

Dieser Punkt ist nicht nur wichtig, um eine allgemeine Qualitätssteigerung im Hinblick auf die Bildung zu erreichen, sondern er spielt auch eine wesentliche Rolle, um die aufgenommenen Flüchtlinge und Asylbewerber möglichst zukunftsnah in den Arbeitsmarkt integrieren zu können. Dazu braucht es nebst neuen Bildungsangeboten auch eine Flexibilisierung des Arbeitsmarkts mit tieferen Einstiegshürden. Dies wird langfristig auch die Kosten für die Integration senken.

Die Rolle Deutschlands für Europa – führen heißt nicht befehlen

Ich gehe in diesem Buch von der These aus, dass ein vereintes starkes Europa zukünftig noch stärker als bisher die Führungsrolle Deutschlands braucht. Mit dieser Führungsrolle jedoch haben die Deutschen schon alleine aus historischer Perspektive ein Problem. Wenn sie es nicht schaffen, sich von diesem Problem zu emanzipieren, wird aus einem deutschen Problem jedoch irgendwann ein europäisches.

Eines Abends saß ich beim Interview mit Peter Radunski zusammen, Helmut Kohls ehemaligem Berater, der schon immer auch mit provokanten Thesen hervorgetreten ist, man denke an die in diesem Buch bereits zitierten Ansichten zu einer Beteiligung der AfD an den politischen Prozessen in Deutschland. Ich sprach mit Radunski über verschiedene Dinge, und irgendwann kamen wir auch auf die Rolle Deutschlands, auf seine Position in Europa zu sprechen. Radunski sagte mir gegenüber dabei einen entscheidenden Satz, der mit ein Anstoß für meine Ausführungen sein mag. Dieser Satz lautete: »Kohl wollte nie führen.« Radunski muss es wissen, war er doch einer derjenigen, die im Kanzleramt ein- und ausgingen, einer derjenigen, die ganz dicht dran waren an den Entscheidungsprozessen jener großen Zeit, als es um die deutsche Einheit ging. Nun saß er hier, 77-jährig, im Garten seines

Hauses in Berlin-Schlachtensee an einem lauen Sommerabend und sagte diesen Satz: »Kohl wollte nie führen.«

In den darauf folgenden Tagen dachte ich viel über diesen Satz nach und überlegte mir, wie er wohl mit Blick auf Angela Merkel lauten müsste. Will Angela Merkel führen? Will sie explizit zu verstehen geben, dass Europa besser dran ist, wenn es auf die Deutschen hört?

Radunski selbst hatte seinen Satz noch ergänzt und damit den Kern der Sache getroffen: »Aber es sind andere Zeiten heute«, so stellte er fest, und ja, tatsächlich, die Zeiten haben sich in den 28 Jahren seit dem Mauerfall ganz wesentlich geändert, und die deutsche Regierung wird nicht länger darum herumkommen, sich grundlegende Gedanken zur Positionierung des Landes in den internationalen Zusammenhängen zu machen.

Zur Zeit der Wiedervereinigung war die Haltung Kohls mehr als verständlich. Er und seine engsten Vertrauten um Kanzleramtsminister Rudolf Seiters hatten genug damit zu tun, das Vertrauen der Besatzungsmächte zu gewinnen, um die Einheit überhaupt herstellen zu können. Tief verankert war sowohl in Russland als auch in den USA, in Frankreich und in England die Angst davor, dass ein wiedervereinigtes Deutschland alte Großmachtansprüche wiederaufleben lassen könnte, dass der sprichwörtliche deutsche Größenwahn, der 50 Jahre zuvor in die Katastrophe geführt hatte, fröhliche Urständ feiern würde.

Nur nach und nach gelang es damals, Michail Gorbatschow, François Mitterand, George Bush sen. sowie vor allem auch Englands Eiserne Lady Margaret Thatcher davon zu überzeugen, dass ein geeintes Deutschland weiterhin fest in das westliche Bündnis eingebunden wäre und sich für Frieden und Freiheit in Europa engagieren würde. Von einer angestrebten Führungsrolle ausgerechnet dieser Nation zu sprechen, hätte damals vermutlich alle Verhandlungen von vornherein beendet und die Einheit unmöglich gemacht.

Kohls Haltung also war nicht nur verständlich, sondern auch politisch klug. Ziel musste es sein, das wiedervereinte Deutschland seinen Platz im großen internationalen Schachspiel finden zu lassen. Knapp 30 Jahre später sieht die Lage jedoch komplett anders aus.

Deutschland ist vom Kandidaten und Bittsteller um die Wiedervereinigung zur bevölkerungsreichsten und wirtschaftsstärksten Nation Europas herangewachsen, ohne dabei die europäischen Nachbarn aufs Neue mit irgendwelchen Großmachtambitionen zu verschrecken. Deutschland hatte 2016 das höchste Exportvolumen, die niedriegste Arbeitslosigkeitsquote zu bieten, dazu einen Haushaltsüberschuss von 18,2 Milliarden Euro. Kein Zweifel: Wer, wenn nicht dieses Land ist der potente Riese der Europäischen Union?

Wenn es brennt in Europa, dann sitzen wir Auslandskorrespondenten im großen Pressesaal des Kanzleramtes und sehen zu, wie sich die Staats- und Regierungschefs der EU-Länder die Klinke in die Hand geben. Sie wollen wissen, was Deutschland will, was es plant. Sie wollen auch wissen, ob Deutschland sie unterstützt, also Freund oder Feind ihres Anliegens ist. Warum ist das so? Nun, eben weil Deutschland wirtschaftlich und politisch vergleichsweise stabil und damit ganz organisch zur mächtigsten Nation Europas gewachsen ist.

Diese Macht bezieht das neue Deutschland jedoch nicht ausschließlich aus der eigenen Stärke, sondern sie beruht auch auf der Schwäche der anderen EU-Gründerstaaten. Frankreich strauchelt innen- wie außenpolitisch, Italien gehört noch immer zu den größten Defizitsündern der EU. Und Großbritannien, das der EU 1973 beitrat? Nun, mit dem Brexit hat sich das Thema in Europa erst mal erledigt, die Briten sind raus auf eigenen Wunsch und haben damit jeglicher zentralen

Rolle für ein geeintes Europa freiwillig abgeschworen. Dann sind da noch die weiteren Gründerstaaten, die Benelux-Länder, die alle jedoch bevölkerungsmäßig klein und wirtschaftlich eher leichtgewichtig sind. Auch hier besteht nirgends das Potenzial, Europa durch die Wirren neu entstehender Weltordnungen zu führen und ihm darin einen angemessenen Platz zuzuweisen.

Die Führungsrolle ist also faktisch bereits da. Sie ist den Deutschen einfach in den Schoß gefallen, weil die möglichen Konkurrenten um eine solche Rolle durch viele eigene Fehler ausgefallen sind. Deutschland jedoch hat deutlich am wenigsten Fehler gemacht und sieht sich nun in einer Position, die es nach 1945 nie wieder haben wollte und die es allem Anschein nach auch heute noch nicht so richtig wieder haben will. Das Problem ist nur: So sehr die anderen europäischen Staaten jahrzehntelang eine neuerliche Führungsrolle der Deutschen gefürchtet haben, so sehr bedürfen sie ihrer in der aktuellen Lage und so sehr erwarten sie sie aktuell auch, selbst wenn die offizielle Polit-Rhetorik bisweilen etwas anderes anzudeuten scheint. Hinter den Kulissen ist den Staatschefs in Rom, Paris, Madrid und anderen Hauptstädten vollkommen klar, dass die Zukunft eines stabilen Europa davon abhängt, was in Berlin entschieden wird. Umso wichtiger muss es sein, trotzdem zu einer europäischen Identität zu finden, in der sich möglichst viele Bürger der Union wiedererkennen.

Europäische Identität neu definieren

Wenn man sich umhört, was viele Menschen an der derzeitigen Ausgestaltung der Europäischen Union stört, so trifft man schnell immer wieder auf ein ganz bestimmtes Argument. Die EU, heißt es dann sinngemäß, sei gleichmacherisch, zerstöre das, was an den einzelnen Mitgliedstaaten gut und liebenswert sei, und plane, all das durch ein gesichtloses Bürokratiemonster namens EU zu ersetzen. Und tatsächlich ist man bisweilen geneigt, diesem Vorwurf ein Stück weit zuzustimmen, wenn aus Brüssel wieder ein Anfall von Regulierungswut über die nationalen Gesetzgeber hereinbricht und plötzlich Gurken, Bananen und andere Dinge scheinbar europaweit genormt sein sollen. Eine solche Überinterpretation europäischer Befugnisse verstellt den Blick darauf, worum es eigentlich geht.

Wenn Menschen zur Psychotherapie gehen, hat das häufig damit zu tun, dass sie mit ihrem alltäglichen Stress nicht mehr fertig werden, sich dauerhaft unruhig fühlen und kaum noch auf wichtige Dinge konzentrieren können. Nach ein paar Sitzungen wird vielen dann klar, dass ihnen vor allem eines fehlt: Sie sind nicht mehr sie selbst, ruhen nicht in sich und spüren keine Mitte mehr. Mit anderen Worten: Die Lebensumstände haben dafür gesorgt, dass ihnen ihre Identität abhandengekommen ist, und der beste Lösungsweg besteht darin, zu sich selbst zu finden.

Wenn wir diese Erkenntnis auf die politisch-gesellschaftlichen Entwicklungen unserer Zeit übertragen, fällt relativ schnell auf, dass wir es auch hier offenbar mit einem Identitätskonflikt zu tun haben. Wie sonst ist der nationalistische Backlash zu verstehen, den europaweit rechtspopulistische Parteien derzeit inszenieren? Diese spielen mit genau diesem Identitätskonflikt, indem sie die nationalen Identitäten gegen den vermeintlichen europäischen Moloch auszuspielen versuchen, der diese Identitäten zu zerstören versuchte.

Das ist deshalb derzeit so erfolgreich, weil es auf europäischer Ebene ein Kommunikationsproblem gibt. Zu lange hat man in Brüssel gedacht, das geeinte Europa werde sich von ganz alleine entwickeln, weil die Bürger der Mitgliedsstaaten doch sehen müssten, welche Vorteile sie aus der Existenz der EU ziehen. Und noch heute hat man bisweilen das Gefühl, dass Politiker, die es an die europäischen Fleischtöpfe zieht, sich damit automatisch von dem entfernen, was sie einst ihren Wählern in den Regionen und Ländern versprachen.

Deshalb wird es von entscheidender Bedeutung sein, den Identitätsbegriff auf zweierlei Weise wieder positiv in den Köpfen zu verankern. Die Menschen müssen das Gefühl haben, stolze Europäer sein zu können, ohne ihre nationalen Eigenheiten ablegen zu müssen. Um das zu erreichen, muss wieder viel klarer werden, was Europa wirklich sein kann und sein sollte: In erster Linie ist das die Friedensunion und Wertegemeinschaft.

In unsicheren Zeiten, in denen sich die Frage nach der eigenen Identität stellt, ist das die Grundlage einer europäischen Identität, die die Menschen von Nord bis Süd und von Ost bis West innerhalb der Union einen kann. Wir alle haben gemeinsame Grundwerte, die uns beispielsweise von China, Russland oder auch vielen afrikanischen Staaten unterscheiden: Freiheit, Gleichheit, Rechtsstaatlichkeit und Demokratie. Diese vier Grundwerte sind die Pfeiler einer europäischen Identität, die auf positive Weise kenntlich macht, worum es bei Europa eigentlich geht. Ausdruck dieser Grundwerte sind Rechte wie die Rede- und Meinungsfreiheit oder auch die Glaubensfreiheit. Hinzu kommen Souveränität, Humanität, Toleranz und die Priorität von Völkerrecht vor Landesrecht.

Jenseits also von weiteren Vorteilen wie der Reisefreiheit, den ökonomischen Vorteilen einer gemeinsamen Währung ist es wichtig, diese verbindenden Elemente einer europäischen Identität viel stärker in den Vordergrund zu stellen und den Menschen deutlich zu machen, dass es das ist, was Europa ausmachen soll, nicht irgendwelche Regelungen zu Gurken. Da ist dann aber natürlich auch die europäische Führungsebene gefragt, die sich viel stärker damit beschäftigen muss, wie ihr Handeln auf die Menschen in den Mitgliedsstaaten wirkt. Da ist viel weniger »von oben herab« und viel mehr »Augenhöhe« gefragt, um zu verstehen zu geben, dass niemand seine deutsche, französische, spanische, polnische oder jedweder andere nationale Identität aufgeben soll, um Europäer zu sein. Natürlich kann man sich auch als Europäer fühlen, ohne in der EU zu sein, wir Schweizer sind das beste Beispiel. Trotzdem kann es doch nicht schaden, die Vorteile einer solchen Gemeinschaft anzunehmen und sie ebenfalls als identitätsstiftend anzuerkennen.

Die Flüchtlingskrise als unverhoffte Chance

Bisweilen wird darüber debattiert, ob man die Flüchtlingskrise denn überhaupt eine Krise nennen dürfe. Politisch sehr korrekte Gemüter vermuten hinter diesem Begriff eine Abwertung der flüchtenden Menschen und verneinen gleichzeitig, dass der ganze Vorgang überhaupt eine Belastung für die reichen europäischen Staaten mit Deutschland an der Spitze darstelle.

Ich denke, eine Krise sollte Krise genannt werden dürfen, denn man kann mit Fug und Recht behaupten, dass kein Ereignis zuvor die europäische Solidarität und auch den innerdeutschen sozialen Frieden auf eine solche Belastungsprobe gestellt hat wie der stetig anschwellende Strom von Menschen aus aller Herren Länder.

Statt also darüber zu debattieren, ob diese Bezeichnung korrekt ist, sollten wir das Augenmerk darauf legen, dass in jeder Krise auch eine Chance steckt. In diesem Fall steckt vor allem auch eine Chance für Europa und für Deutschland darin, ja, es ist vielleicht die erste echte Chance für den ängstlichen Riesen, seine Angst abzulegen und eine Führungsrolle unter Einbeziehung der anderen Mitgliedsstaaten zu übernehmen. Besonders perfekt ausgefüllt wäre diese Führungsrolle, wenn die deutsche Regierung so viel Fingerspitzengefühl aufbringen würde, mit den »Kleinen« zu beginnen, entweder durch Staatsbesuche dort oder durch einen symbolischen Gipfel mit diesen kleineren Staaten. Es wäre ein Zeichen in dem Sinne, wie Peter Radunski mir gegenüber im Hinblick auf die Kohlsche Politstrategie gesagt hatte: »Kohl hat immer zuerst die Kleinen gefragt.« Bei aller Emanzipation von ihrem großen Mentor würde Angela Merkel ein wenig »Kohls Mädchen« in dieser Beziehung vielleicht nicht schaden.

Unabhängig davon, mit wem man zuerst spricht, könnte Deutschland die Führungsrolle derart demokratisch ausgestalten, dass ein konkreter Plan zur weiteren Behandlung der Flüchtlingsfrage aus den intensiven Diskussionen mit den anderen europäischen Staaten entspringt. Deutschland leitet und führt, nimmt jedoch die Positionen und konstruktiven Ideen der anderen auf und integriert sie. Demokratie eben.

Dazu gehört beispielsweise die auch von den Deutschen gewünschte Stärkung der EU-Außengrenzen durch eine konsequente Sicherung. Diese müsste durch eine Aufstockung der europäischen Agentur für Grenz- und Küstenwache, Frontex, gewährleistet werden. Dies ist ein Punkt, den man in Gesprächen mit den Verantwortlichen der europäischen Staaten immer wieder an exponierter Stelle hört, auch François Fillon hat diesen Wunsch bei seinem Besuch in Berlin genauso geäußert wie den Wunsch nach einer gemeinsamen europäischen Asylpolitik.

Daneben könnte man über den Vorschlag reden, Asylgesuche bereits an den EU-Außengrenzen oder sogar in Drittstaaten abzuarbeiten. Auch dies zählt zu den Lehren aus der Flüchtlingskrise, die aber nur gesamteuropäisch gezogen werden können. Weiterhin: Eine Einrichtung von EU-gemeinschaftlichen Transitzonen, wo die Gesuche im Schnellverfahren bearbeitet werden können. Bei der Umsetzung dieser Verfahren könnte die Schweiz Pate stehen, wo Erfahrung damit vorhanden ist. Konkret geht es da um Schnellverfahren mit Vertretern der Einwanderungsbehörden, Übersetzern, Anwälten und Richtern direkt vor Ort.

Auf diese Weise könnte man unter Führung Deutschlands nach und nach zu einer gesamteuropäischen Asylpolitik kommen, die die Interessen der einzelnen Staaten trotzdem nicht übergeht. Denn auch das ist eine Lehre aus der Krise: Die EU kann nur die Rahmenbedingungen schaffen, sollte aber den einzelnen Staaten Freiheiten im Vollzug der Regelungen geben. So könnte etwa auf die wirtschaftliche Situation des jeweiligen Landes Rücksicht genommen werden.

Der Besuch des französischen Präsidentschaftskandidaten Fillon in Berlin war im Hinblick auf den Zusammenhang zwischen Flüchtlingskrise und deutscher Führungsrolle vielleicht ein wichtiger Meilenstein. Fillon hat in Berlin mehrfach an eine Rückbesinnung auf die deutsch-französische Achse appelliert und von einer viel selbstbewussteren Führungsrolle beider Länder gesprochen.

Gelänge es also Deutschland, Frankreich durch Ausarbeitung gemeinsamer Positionen in der Flüchtlingspolitik mit ins Boot zu holen, könnte das auch ein Signal für die zuletzt verärgerten Südstaaten der EU sein. Frankreich könnte in diesem Zusammenhang gewissermaßen als diplomatischer Türöffner zum Süden fungieren. Eine Einigkeit Frankreichs mit Deutschland sowie die Existenz konkreter Vorschläge zur Lösung der Probleme würden darüber hinaus deutlich machen, dass Deutschland sich nicht länger wegduckt und nur von Krise zu Krise reagiert, sondern in der Lage ist, Führung zu übernehmen.

Reizwort »führen«

Führung darf es in Deutschland bis heute höchstens im Zusammenhang mit der Leitung von Unternehmen geben. Die Managementliteratur zum Thema »Führen« füllt etliche Regalmeter. Im politischen Zusammenhang ist Führen jedoch bis heute das Reizwort schlechthin. Die Vergangenheit prägt das Sprachbewusstsein, zwei Weltkriege und der Nationalsozialismus mit Hitler an der Spitze, der sich explizit selbst zum »Führer« ernannt hat, haben deutsche Führungsansprüche mausetot gemacht und jeden, der davon zu sprechen wagte, in die Nähe rechter Positionen gerückt. Die Gräuel Hitlers, seine irrsinnige Vorstellung eines großdeutschen Reiches, das die Welt unterjocht, sind eine unauslöschliche Warnung in den Köpfen der meisten Deutschen und haben in diesem Sinne auch seit jeher das politische Handeln geprägt. Keine außenpolitische Debatte, in der nicht ein Minister oder Abgeordneter mahnend den Finger hebt und auf die eigene Vergangenheit hinweist.

Damit wir uns nicht falsch verstehen: Dieser mahnende Finger ist gut, er ist notwendig, heute genauso wie in der Vergangenheit. Allerdings sind die Rückschlüsse, die aus dieser Tatsache zu ziehen sind, meines Erachtens andere als die, die die Deutschen bisher daraus gezogen haben. Die allgegenwärtige Erinnerung an die Verbrechen in deutschem Namen, das extrem ausgeprägte Bewusstsein für die eigene Vergangenheit und Geschichte, für die Fehler, die darin gemacht wurden, und das daraus gewachsene Bewusstsein für eine europäische Friedensunion, genau diese Erinnerung macht Deutschland zum idealen Kapitän für das künftige Europa.

Damit Deutschland diese Kapitänsrolle übernehmen und eine Führungsposition aufbauen kann, müssen sich zweierlei Positionen verändern. Auf der einen Seite muss Deutschland selbst sich von dem Gedanken emanzipieren, wegen seiner Vergangenheit nie mehr internationale Führungsaufgaben übernehmen zu können. Auf der anderen Seite ist es genauso entscheidend, dass die anderen europäischen Staaten sich von dem Reflex emanzipieren, die Deutschen immer wieder an ihre Vergangenheit zu erinnern und sie mit billigen und niederen Vergleichen zu demütigen, wenn sie dann doch einmal vorangehen. Wie stark dieser Reflex noch ausgeprägt ist, hat nicht zuletzt die Griechenlandkrise gezeigt. Gipfel der Geschmacklosigkeit sind in solchen Zeiten stets die Titelseiten jener Boulevardblätter, die Angela Merkel oder auch Wolfgang Schäuble in Naziuniform mit Hakenkreuz am Arm zeigen und suggerieren sollen, die Deutschen machten sich mal wieder anderen Völker untertan.

Gerade die Griechenlandkrise hat diese europäischen Schwächen gnadenlos aufgedeckt. Da war auf der einen Seite Angela Merkel, die als einzige europäische Staatschefin einen klaren und vernünftigen Plan für den Erhalt Griechenlands in der Eurokrise hatte und diesen auch umzusetzen versuchte. Und da war auf der anderen Seite eine Mehrheit der EU-Staaten, die nichts Besseres zu tun hatten, als die Geister der Vergangenheit zu beschwören.

Wie falsch und blind diese Haltung ist, zeigt sich allein daran, warum sich Merkels Plan dennoch durchgesetzt hat. Das lag schlicht und ergreifend daran, dass es zu jenem Zeitpunkt überhaupt keinen anderen Plan und Weg zur Rettung Griechenlands gab als schmerzhafte Sparmaßnahmen und Reformen. Die deutschen Ideen entsprangen also gerade nicht einer nationalen Arroganz und dem Wunsch, anderen zu sagen, was sie tun und lassen sollen, sondern sie waren vollkommen pragmatische Ideen, die vor allem einem Zweck dienten: mit der Verhinderung eines griechischen Untergangs den drohenden Zerfall der Europäischen Union zu verlangsamen und der Idee der europäischen Einigkeit selbst in kritischen Phasen neues Leben einzuhauchen.

Allerdings deckte die Griechenlandkrise gleichzeitig auch die Schwäche und Unerfahrenheit Deutschlands in dieser neuen Führungsrolle auf. Angela Merkel hat für die Durchsetzung ihres Plans in Brüssel stets nur Frankreich und Italien wirklich mit einbezogen, die anderen EU-Staaten aber, allen voran die neuen starken Oststaaten, außen vor gelassen. Damit hat sie dort die Urängste vor dem deutschen Hegemonismus wiedererweckt und entsprechende Reflexe ausgelöst.

Die Quittung für dieses noch nicht ausgereifte Führungsverhalten haben die Kanzlerin und Deutschland dann in der Flüchtlingskrise erhalten. Auch da musste man wieder feststellen, dass Merkel die europäischen Nachbarn bei ihrer Entscheidung, die Grenzen für Flüchtlinge aus Syrien zu öffnen, nicht oder zu wenig mit einbezogen hatte. Allerdings galt das dieses Mal gleich für praktisch alle anderen EU-Staaten.

Heute steht Angela Merkel mit ihrem Umverteilungsplan der Flüchtlinge auf die gesamte EU isoliert da und ringt darum, einen Weg zu finden, den auch die anderen Staaten mitgehen wollen. Das ist letztendlich eine Folge der Verstimmungen aus der Griechenlandkrise und den Anfängen der Flüchtlingskrise. Es ist ein Beleg dafür, dass Deutschland in dieser neuen Führungsrolle noch zu zögerlich und zu unerfahren agiert und dass sich die anderen Staaten noch nicht von den historischen Urängsten in Europa gelöst haben.

»Kohl hat immer zuerst die kleinen Staaten gefragt und miteinbezogen, wenn er etwas wollte in Europa«, sagte mir Peter Radunski in seinem Garten in Berlin-Schlachtensee. Diese Feststellung kam mir vor wie ein sehr später Ratschlag für Angela Merkel.

Führung ist schlimm, militärische Führung noch viel schlimmer

»Nie mehr deutsche Stiefel auf fremden Boden«, dies sei einer der Ratschläge, die ihm sein Vater mitgegeben habe, als er noch ein Kind war, erzählte mir Franz Müntefering, früherer Minister, SPD-Generalsekretär, -Vorsitzender Parteichef und

Vizekanzler, bei einer Begegnung an der Spree vor dem Reichstag. »Ein weiser und richtiger Ratschlag – damals«, fügte Müntefering dann jedoch noch hinzu und zeigte, dass er sich immer noch auf der Höhe der Zeit befindet. Denn: Heute halte er diesen Ratschlag nicht mehr für zeitgemäß.

Damit hat er einen wunden Punkt berührt, der vielleicht noch viel stärker zu Irritationen führt als der wirtschaftliche Führungsanspruch Deutschlands. Denn schlimmer noch als die Vorstellung von deutschen Unternehmen und Banken, die den Europäern ihre Bedingungen diktieren, ist die Vorstellung von ebenjenen deutschen Stiefeln auf fremdem Boden. Gleichwohl gehört zur neuen Führungsrolle Deutschlands auch die militärische Verantwortung für Europa und die Bündnispartner. Hier besteht ein extremes Spannungsverhältnis zwischen der gewachsenen europäischen Freundschaft und dem Anspruch an die Deutschen, voranzugehen.

Dass es diese militärische Führung geben muss, kann nicht ernsthaft bezweifelt werden. Der IS attackiert Zentren europäischer Städte, Russland ist für die baltischen Staaten zur unberechenbaren Gefahr und Bedrohung geworden. So sehr Frankreich oder Belgien vom mächtigen politischen Bündnispartner Deutschland militärische Unterstützung erwarten, so sehr ist dies auch in den baltischen Staaten der Fall.

Die Führungsnation Deutschland darf sich folglich auch militärisch nicht mehr hinter der eigenen Geschichte verstecken. Wenn das internationale Anti-IS-Bündnis im Irak und in Syrien Angriffe auf IS-Stellungen plant und Deutschland sich nur mit ein paar Aufklärungsfliegern beteiligt, welche Fotos für die französischen, italienischen und britischen Jetpiloten liefern, damit die dann Bomben werfen können, dann ist das inkonsequent und unglaubwürdig.

Auf der Höhe der Zeit wäre ein Deutschland, das mindestens genauso viel Verantwortung übernimmt wie die anderen

Staaten. Dass diese Verantwortungsübernahme ausnahmslos im Rahmen von großen militärischen Bündnissen stattfinden muss, sollte dabei eine Selbstverständlichkeit sein. Diese Form der Führung auch im militärischen Bereich ist Deutschland den anderen europäischen Staaten nicht nur schuldig, sie festigt vielmehr auch das gegenseitige Vertrauen, welches Deutschland für seine politische Führungsrolle in Europa so dringend braucht.

Man muss sich dabei klarmachen, was es bedeutet, militärische Verantwortung zu übernehmen. Es bedeutet eben nicht, überall mit in den Krieg zu ziehen. Es bedeutet eben nicht, aktiv militärische Operationen zu planen, um Interessen durchzusetzen. Es geht niemals um Eroberung und Vernichtung, wie es in den dunklen Jahren der Fall war.

Diese Verantwortung und Führungsrolle zu übernehmen heißt heute nichts anderes als dort, wo die Freiheit und das Leben europäischer Bürger angegriffen werden, diese Freiheit und dieses Leben militärisch mit zu verteidigen. Es heißt gleichzeitig auch, dort, wo Bedenken angebracht sind, überstürzte Verteidigungskriege zu verhindern. Nicht Krieg zu führen ist eben auch Teil einer militärischen Führungsrolle. All dies kann jedoch nur eine Führungsnation leisten, die sich voll und ganz engagiert, wenn gesamteuropäische Verteidigungsaufgaben anstehen.

Hier zögert der Riese Deutschland. Er versteift sich immer noch zu sehr auf den schwarzen Teil seiner Vergangenheit und macht dabei immer wieder Fehler. Dabei ist es doch gerade das Bewusstsein von dieser Vergangenheit, welches Deutschland zur idealen Führungsnation Europas macht. Wer seine eigene Geschichte kennt und so intensiv aufgearbeitet hat und dadurch genau weiß, welche Katastrophen Macht- und Führungsexzesse verursachen können, der ist geradezu prädestiniert, um Europa in die Zukunft zu führen. Deutschland soll und Deutschland darf seine Geschichte nie vergessen. Es geht aber sehr wohl darum, sich in der richtigen Dosierung davon zu emanzipieren.

Führen heißt nicht befehlen. Deutschland muss vorangehen bei der gemeinsamen Entscheidungsfindung in europäischen Fragen und dabei alle mit einbeziehen. Und Deutschland muss militärisch Verantwortung übernehmen. Weil es sonst unglaubwürdig ist.

Der zögerliche Riese sollte diese Rolle, in welche er aus der Schwäche der anderen gedrängt wurde, endlich selbstbewusst übernehmen. Andernfalls läuft die Friedensunion Europa Gefahr, führungslos an sich selbst zugrunde zu gehen.

Deutschlands militärisches Zögern – Hintergründe und Zahlen

Es gibt einen Zeitpunkt, zu dem sich das wiedervereinigte Deutschland komplett aus dem Spiel der militärischen Großmächte verabschiedet hat: Dieser Zeitpunkt lässt sich auf das Jahr 2011 datieren, denn in diesem Jahr vollzog das Land die Aussetzung der allgemeinen Wehrpflicht. Damit war ein klares Signal gesetzt, dass militärische Stärke im Deutschland der Zukunft keine große Rolle spielen sollte, eine Entscheidung, die angesichts der militaristischen Vergangenheit vor allem auch sehr viel Beifall hervorrief.

Allerdings machte sie im Hinblick auf die Lage in der Welt auch deutlich: Deutschland ist nicht groß und stark genug. Es kann bei wichtigen militärischen Entscheidungen nicht mitreden, weil es kein Gewicht hat. Mit seiner personell und technisch beschnittenen Armee ist das Land viel zu schwach, um Führung zu übernehmen und Entscheidungen zu treffen, wenn es darum geht, irgendwo auf der Welt ordnend militärisch einzugreifen.

Beispiele gibt es zuhauf, aus der jüngsten Zeit taugt wohl vor allem der Einsatz des Westbündnisses im Kampf gegen den IS als solches. Die Frage nach einer Führungsrolle Deutschlands stellte sich in diesem Zusammenhang gar nicht. Stattdessen wurde einzig und allein darüber diskutiert, ob sich Deutschland überhaupt trauen würde, eine militärische Angriffsintervention gegen den IS zu unterstützen, und falls ja, wie groß (oder besser gesagt: klein) sie denn sein dürfe. Immerhin rangen sich Regierung und Abgeordnete des Bundestages dann am 4. Dezember 2015 dazu durch, sechs Tornado-Aufklärungsflieger loszuschicken, die mit hoch auflösenden Kameras Bilder aus Syrien und aus dem Nordirak an die Anti-IS-Koalition lieferten. Zudem sollte ein Schiff der deutschen Marine anderen Kriegsschiffen ergänzend beistehen. Der gesamte personelle Aufwand beläuft sich auf immerhin 1200 Personen und ist damit der zur Zeit größte Auslandseinsatz der Bundeswehr.

Deutschlands militärische Leistung zur Unterstützung der Bündnispartner sieht also im Wesentlichen so aus: Seine Tornadopiloten fliegen über Syrien und den Irak, schießen Fotos und stellen diese den Kampfjetpiloten des Westbündnisses zur Verfügung, damit diese dann die Bomben abwerfen können.

Das mag angesichts der eigenen Geschichte auf den ersten Blick das Gewissen beruhigen und in bestimmten politischen Lagern überhaupt erst dafür sorgen, dass solchen Einsätzen zugestimmt werden kann. Tatsächlich jedoch ist es weder konsequent noch glaubwürdig. Angela Merkel war die Erste, die sich nach den Anschlägen von Paris an den französischen Präsidenten François Hollande und seine Nation wandte und sagte, man werde im Kampf gegen den IS, bei der Verteidigung der Freiheit Europas und seiner Bürger an Frankreichs Seite stehen. Wenn solche Aussagen ernst gemeint sind und vor allem auch ernst genommen werden wollen, reicht es jedoch nicht, ein paar Aufklärungsflieger und Ausbildungsoffiziere zur Verfügung zu stellen, während andere die militärische »Drecksarbeit« mit den Bombardierungen und Angriffsflügen machen »dürfen«.

Wer politisch glaubwürdig führen will, muss auch militärisch Verantwortung übernehmen

Diese Feststellung bedeutet keineswegs, dass die Deutschen jeden militärischen Eingriff, den die Nato oder ein Westbündnis in Betracht zieht, blindlings unterstützen sollen. Genau das Gegenteil ist der Fall: Führen heißt ebenso, die Entschlossenheit zu besitzen, auch mal eine solche militärische Intervention durch starke und geschickte Führung zu verhindern, wenn man sie nicht für richtig hält.

Im März 2011 hat Deutschland durch den damaligen FDP-Außenminister Guido Westerwelle und Kanzlerin Angela Merkel entschieden, bei der Intervention in Libyen gegen Muammar al-Gaddafi nicht mitzumachen. Hier wird es knifflig, und es zeigt sich, dass militärische Entscheidungen immer auch eine Gratwanderung sind. Denn hinsichtlich der Libyen-Entscheidung muss man zwei Dinge unterscheiden: Im Nachhinein betrachtet war diese möglicherweise richtig. Nur wurde sie nicht in dieser Überzeugung, also nach Abwägung der Lage getroffen, sondern es war einzig und allein ein Entscheid vor dem Hintergrund des deutschen Umgangs mit der eigenen Geschichte. Die Gründe lauteten: nie mehr Angriffskrieg. Nie mehr deutsche Stiefel auf fremdem Boden. Niemand in der Führung der anderen kriegswilligen Nationen stellte sich überhaupt die Frage, ob man Deutschland in dieser Haltung folgen sollte, weil allen klar war, warum die Deutschen mal wieder kniffen.

Die Sichtweise hierzulande müsste jedoch eine ganz andere sein. Denn würde sich Deutschland bei unumstrittenen militärischen Interventionen wie bei jener gegen den IS voll und ganz engagieren, dann könnte es auch generell bei allen Entscheidungsfindungen in militärischen Operationen führend mitreden und würde ernst genommen. Das hätte unter anderem zur Folge, dass Deutschland die Partner vielleicht auch einmal überzeugen könnte, nicht vorschnell einzugreifen. Wenn die anderen Deutschland in so einem Fall folgen, ließen sich Fehler vermeiden. Vielleicht wäre dann die von Sarkozy damals fast im Alleingang initiierte Libyen-Intervention so nicht durchgeführt worden.

Deutschland muss also auch militärisch führen, doch dazu bedürfte es auch innenpolitisch einiger Weichenstellungen. Um militärisch mitreden und mitentscheiden zu können, müsste Deutschland nämlich wieder aufrüsten. 2002 wurde in der Nato vereinbart, dass die Militärausgaben jedes Mitgliedsstaates 2 Prozent des Bruttoinlandsproduktes ausmachen sollten. Entgegen dieser Vereinbarung liegt Deutschland heute gerade einmal bei 1,2 Prozent. Angela Merkel ist einer deutlichen Erhöhung der Ausgaben nicht abgeneigt, wie ich aus Kreisen ihr sehr nahestehender Mitarbeiter erfahren konnte. Erste Schritte zur kontinuierlichen Erhöhung des Verteidigungsetats wurden regierungsintern auch bereits vollzogen. Doch bei einer großen Mehrheit der deutschen Bevölkerung sind Aufrüstung im großen Stil und Beteiligung an großen internationalen militärischen Interventionen nach wie vor ein Tabu. Daher scheut sich die Bundeskanzlerin, dieses heiße, geschichtsbelastete Eisen anzufassen und die Entwicklung voranzutreiben.

Es ist in diesem Zusammenhang übrigens auch wichtig, noch einmal intensiv über ein gemeinsames europäisches Verteidigungsbündnis nachzudenken. Gerade derzeit droht eine mögliche Neupositionierung der USA, und es ist aufgrund der Unberechenbarkeit von Donald Trump nicht sicher, ob die Amerikaner auch künftig ihre Rolle als Schutzmacht für Europa in dem Maße spielen werden, wie es in den vergangenen Jahrzehnten der Fall war. Dazu kommt eine latent drohende militärische Gefahr aus dem arabischen Raum, von der noch niemand so genau sagen kann, wie sie sich letztlich darstellen wird.

Das sind zwei gute Gründe, über einen Verbund nachzudenken, der sich aus den einzelnen Armeen der Mitgliedsstaaten rekrutiert. Dazu würden dann entsprechende Absprachen auf der Ebene europäischer Rüstungspolitik und Rüstungswirtschaft gehören. Da allerorten ein steigendes Bedürfnis nach mehr Sicherheit zu spüren ist, könnte ein solches gesamteuropäisches Projekt auch das Bewusstsein für die Union insgesamt stärken, somit also zu dem beitragen, was ich an anderer Stelle bereits als europäische Identität beschrieben habe.

Exkurs: Hans-Dietrich Genscher über Deutschlands Rolle in Europa

Manchmal ist es gut, einen Moment innezuhalten und die weisen Alten zu Wort kommen zu lassen, um zu erfahren, wie sie in dieser atemlosen Zeit die Lage der Welt beurteilen. Einer dieser weisen Alten war bis zu seinem Tode 2016 sicher der ehemalige deutsche Außenminister Hans-Dietrich Genscher, der unter anderem als einer der Architekten der deutschen Einheit gilt. Ich traf Genscher im September 2015 zu einem längeren Gespräch in seinem Haus in Bonn und fragte ihn damals auch nach seinen Eindrücken vom Status quo Deutschlands und Europas. Ein kurzer Auszug dieses Gesprächs mit Genschers unaufgeregten Antworten mögen als Anhaltspunkt dienen, wie man abseits des alltäglichen Hamsterrades über die Lage sprechen kann.

Ich möchte gleich mit einer etwas provokanten Frage einsteigen: Ist Deutschland wieder eine Großmacht?
Nein, ganz sicher nicht. Wenn wir eines gelernt haben sollten, dann, dass die Deutschen nicht dazu da sind, zu herrschen. Im Gegenteil: Es ist unsere Aufgabe, allen Nachbarn klarzumachen, dass es nur gemeinsam gehen kann. Ich nenne das Verantwortungspolitik statt Machtpolitik. Dabei ist es aber natürlich so, dass Deutschland als Anker in der Mitte Europas dienen sollte.

Wie beurteilen Sie die Frage einer deutschen Führungsrolle?
Die kann es auch nur in einem gemeinsamen Europa geben. Alle Mitgliedsstaaten tragen Verantwortung, also geht es letztlich immer nur zusammen. Was zählt, ist vor allem die Hinwendung und Verantwortung für Europa, also für das große Ganze.

Man muss aber auch ganz klar sagen, dass Nachkriegsdeutschland für die europäische Entwicklung von großer Bedeutung war. Hätte Deutschland sich damals für Neutralität entschieden, gäbe es heute keine Europäische Union. Die europäische Entwicklung, auch das Verhältnis zu Osteuropa war und ist eine historische Aufgabe für Deutschland.

Füllt Angela Merkel ihre Rolle derzeit gut aus?
Ja, das kann ich nicht anders sagen. Angela Merkel verkörpert gleichermaßen die Einheit Deutschlands und die Einheit Europas. Ihre große Autorität, mit der sie so viele schwierige Entscheidungen trifft, kommt dabei aus ihrer Persönlichkeit.

Wie sehen Sie das Verhältnis Deutschlands zu Europa?
Die Integration Deutschlands ist auch die Integration Europas. Als wir im Zuge der deutschen Einheit den Zwei-plus-Vier-Vertrag verhandelten, war das nicht nur für unser Land

eine extrem wichtige Vereinbarung, sondern für ganz Europa. Es war ja seinerzeit durchaus auch die Frage, wie die Siegermächte zur Frage der Einheit stehen würden. Frankreich unter François Mitterand etwa hielt die Einheit durchaus für eine historische Notwendigkeit, machte eine Zustimmung aber absolut von der Frage abhängig, ob Deutschland den europäischen Weg weiter beschreiten würde. Davon hat Mitterand sich durch Helmut Kohl überzeugen lassen.

Wie steht Europa derzeit zu Deutschland?

Europa verändert sich in immer höherem Tempo, und eine deutsche Regierung tut immer gut daran, jeden Tag aufs Neue zu prüfen, wie sich das Verhältnis der anderen Mitgliedsstaaten zu ihrem großen Mitstreiter in der Union entwickelt.

Die jüngste Entwicklung sorgt für enorme Erschütterungen, denn mit dem Brexit fällt für Deutschland ein wichtiger großer Verbündeter in der EU weg. Die Briten teilten und vertraten ebenfalls Merkels Finanz-, sprich: Austeritätspolitik, also die Vorstellung einer strengen staatlichen Haushaltspolitik, in welcher ein ausgeglichener Staatshaushalt und die Verringerung der Staatschulden im Vordergrund stehen.

Gleichzeitig stand Großbritannien als Garant für militärische Zuverlässigkeit in der EU, darüber hinaus auch als potenter Erfüller der Nato-Budgetvorgaben. Das war für Deutschland gerade deshalb auch eine wesentliche Entlastung, weil es sich, wie beschrieben, aufgrund seiner Geschichte militärisch weitgehend wegduckt und aus einer deutlich stärkerem militärischen Verantwortung in Europa bisher immer erfolgreich herausgewunden hat.

Sicherheitspolitisch wird sich Deutschland nun vor allem mit den anderen großen Ländern der EU, mit Italien, Frankreich, Spanien und auch Polen, enger absprechen müssen. Das ist nicht unbedingt schlecht, denn es kann die Bindung untereinander durchaus stärken.

Wichtige und zuverlässige Partner in der EU, welche Deutschland kulturell und in der Frage gemeinsamer Werte nahestehen sowie eine stärkere Führungsrolle Deutschlands nicht in Frage stellen würden, sind die Benelux-Staaten, die Skandinavier und die baltischen Staaten. Sowohl die Skandinavier als auch die Balten setzen auch deshalb auf Deutschland, weil sie seine eindeutige und klare Russlandpolitik schätzen. In diesen Ländern im unmittelbaren geographischen Einflussbereich Russlands ist die Angst vor dem Aggressor Russland wieder sehr präsent, mehr, als sich viele russlandfreundliche EU-Länder und Politiker vorstellen können. Möglicherweise kommt Angel Merkel in dieser Frage ihre Ost-Vergangenheit zugute, da sie sensibler und offener über diese Problematik nachdenkt als andere. Die genannten Länder teilen auch Deutschlands Vorstellung einer disziplinierten Finanzpolitik sowie Merkels Politikstil allgemein. Sie alle plädieren im Zweifelsfall für einen rationalen und nicht für einen emotionalen Stil.

Im Osten gibt es vor allem seitens der polnischen, der ungarischen und der tschechischen Regierung ideologische Wertvorstellungen und Anschauungen, die nicht mit jenen Merkels und Deutschlands übereinstimmen. In erster Linie geht es dabei darum, dass dort nationale Interessen teils deutlich über dem Solidaritätsgedanken der EU stehen.

Angela Merkel hat diese Unterschiede durchaus erkannt, genauso wie die Notwendigkeit, die genannten Ländern bei der Stange zu halten. Deshalb strebt sie gerade mit diesen Ländern vermehrte bilaterale Treffen an, um gemeinsame Positionen hervorzuheben, die es in anderen Bereichen, etwa in der Ökonomie oder auf sicherheitspolitischem Gebiet, durchaus gibt.

Ein besonderes Augenmerk gilt dabei Polen, dem Land, das Angela Merkel als Scharnier zu den anderen EU-Oststaaten sieht. Aufgrund seiner Größe und seiner mittlerweile errungenen politischen und wirtschaftlichen Stärke hat Polen großen Einfluss auf den Ostteil der EU. Deshalb muss und will die Kanzlerin den östlichen Nachbarn als Verbündeten für Veränderungen und Reformen in der EU ins Boot holen. Für Merkel ist Polen im Osten mittlerweile genauso wichtig wie Frankreich im Westen. Mit einer funktionstüchtigen Achse Frankreich-Deutschland-Polen ist aus Sicht der deutschen Kanzlerin bereits viel für den Zusammenhalt der EU getan.

Merkels Kurs lautet also: nicht abbrechen oder ausschließen, weil man eine Position nicht teilt, sondern einbeziehen, wo immer möglich, um auf den Gemeinsamkeiten weiter aufbauen zu können. Man darf getrost davon ausgehen, dass es sich dabei wohl auch um Lehren aus den Fehlern in der Flüchtlingskrise handelt.

Sebastian Kurz – Österreichs Shootingstar als Merkel-Kritiker

Eines der kleineren europäischen Länder, das durch die Flüchtlingskrise besonders in den Fokus geraten ist, ist Österreich. Obwohl erst 30 Jahre alt (27.8.1986), ist Kurz bereits seit vier Jahren Außenminister des Landes. Doch nicht nur wegen seiner Jugend gilt er vielen als Shootingstar der europäischen Politik, sondern auch deshalb, weil er sich nicht versteckt und auch den Großen Europas die Stirn zeigt. Das gilt auch für Angela Merkel, der Kurz mit der Schließung der Balkanroute für Flüchtlinge gleichzeitig einen Dienst und einen Bärendienst erwiesen hat. Einen Dienst, weil sich tatsächlich seitdem der Flüchtlingsstrom nach Deutschland verringert und die Situation hierzulande entspannt hat. Einen Bärendienst, weil es schlussendlich so aussah, als wenn dieser Jungspund das tun musste, wozu die Kanzlerin des mächtigsten europäischen Landes nicht in der Lage war.

Kurz ist sehr selbstbewusst und hat mir in einem kurzen Interview zu verstehen gegeben, dass er zwar überzeugter Europäer sei, jedoch klare eigene Vorstellungen davon habe, wie es in diesem Europa laufen sollte.

Sie haben mit der Schließung der Balkanroute eine Entscheidung getroffen, die scheinbar die Öffnung der Grenzen durch die deutsche Regierung auf den Kopf stellt. Begreifen Sie sich als Gegenspieler von Angela Merkel?
Nein, ich begreife mich grundsätzlich nicht als Gegenspieler der deutschen Bundeskanzlerin. Trotzdem war es notwendig, deutlich zu machen, dass die Flüchtlingspolitik falsch war. Die totale Öffnung der Grenzen hat letztlich dazu geführt, dass immer mehr Menschen gekommen sind, und das hat nicht zuletzt auch dazu geführt, dass mehr Menschen auf der Flucht ertrunken sind. Die Aufnahme von Flüchtlingen ist notwendig, aber nicht unbegrenzt. Diese Grenzenlosigkeit führt zu Chaos, zu Toten im Mittelmeer und zum Anheizen der Geschäfte der Schlepperbanden.

Sie wirken sehr selbstbewusst in Ihrer Rolle als Außenminister Österreichs. Wie stehen Sie zu einer Führungsrolle Deutschlands in Europa?
Grundsätzlich muss ich dazu sagen, dass in der Europäischen Union alle Mitglieder Stimmrecht haben und wir nicht darüber reden sollten, Mitglieder erster und zweiter Klasse einzuführen. Es geht aus meiner Sicht vielmehr darum, dass neben den Großen wie Deutschland auch andere Länder Eigenständigkeit zeigen. Wir haben es als Österreicher mit der Schließung der Balkanroute ja vorgemacht.

Wie sehen Sie Europa derzeit?
Für mich ist das wichtigste europäische Prinzip das der Subsidiarität. Wir müssen dahin kommen, dass wir die großen Aufgaben in Europa gemeinsam angehen, die kleineren jedoch nach wie vor nationalstaatlich lösen können.

Führen mit Frankreich?

Gerade in finanzpolitischen Fragen zieht sich ein Graben durch Europa. Dieser verläuft vor allem zwischen der Nord-EU und der Süd-EU. Dabei steht der Norden auf der Seite Merkels und ihrer Austeritätspolitik, während der Süden, trotz hoher Verschuldung, auf höhere Ausgaben und Investitionen setzt, um die lokale Wirtschaft wieder anzukurbeln.

Mit dem Sozialisten François Hollande als Präsident hat sich auch Frankreich in dieser Frage von Deutschland entfernt. Das ist eine wichtige Erkenntnis, denn diese Frage ist zentral für die traditionell labilen deutsch-französischen Beziehungen. So kann man für das bilaterale Verhältnis in den letzten Jahren eine grundsätzliche Störung feststellen, wie es sie lange nicht mehr gegeben hat.

Man muss es sogar noch deutlicher formulieren: Rund um Frankreich hat sich mit Italien, Griechenland, Spanien und Portugal ein »Südblock« formiert, der die Stabilität der EU nicht gerade festigt. Dieser Block hat sich auch in der Flüchtlingskrise unter der Führung von Frankreich gegen Merkels Flüchtlingspolitik aufgelehnt und sie in Brüssel bei ihren Bemühungen um eine gerechte Umverteilung gnadenlos auflaufen lassen.

Neben den zunehmenden ökonomischen, gesellschaftlichen und politischen Problemen in Frankreich hat gerade dieser Umstand dazu beigetragen, dass die in Zeiten von Kohl und Mitterand aufgebaute und gestärkte traditionelle deutsch-französische Achse in Europa in arge Schieflage geraten ist. Sie hat immer häufiger schlicht nicht funktioniert, und Deutschland stand plötzlich alleine da, wenn es darum ging, Verantwortung zu übernehmen.

Einzig im wichtigen Bemühen um Frieden in der Ukraine zog das potente Tandem der beiden größten europäischen Länder im Herzen Europas an einem Strang. Hier zeigte sich das 2014 gebildete »Normandie-Format«, eine halboffizielle Gruppe mit den Mitgliedern Deutschland, Frankreich, Ukraine und Russland, als handlungsfähiges Konstrukt. Bei den regelmäßigen Treffen zeigten Deutschland und Frankreich, zu was sie im Verbund fähig sind. Das Minsker Abkommen, das Hoffnung auf zukünftige Beruhigung und Frieden weckt, wurde in diesem Format entwickelt und in Zusammenarbeit mit der OSZE ausgehandelt.

Das größte Problem im deutsch-französischen Verhältnis ist derzeit, dass Frankreich einfach zu sehr mit sich selbst beschäftigt ist. Das hat ein Ungleichgewicht entstehen lassen, bei dem Deutschland zu stark ist, um Frankreich noch auf Augenhöhe wahrnehmen zu können. Damit fehlt ein ähnlich starker Partner an der Seite, um Europa strategisch zu führen.

Damit diese Achse wieder ins Gleichgewicht kommt, muss Frankreich wieder eine Wirtschaftsmacht werden. Dies würde Deutschland von der Erwartung entlasten, als Führungsmacht in Europa voranzugehen. Gleichzeitig wäre es aber auch in der Führungsrolle selbst enorm wichtig für Deutschland, Frankreich mit in der Kapitänskabine zu haben. Denn über diesen Weg ließe sich leichter über eine Schließung des weit offenen Nord-Süd-Grabens in der EU reden.

Sollte François Fillon oder auch Emmanuel Macron der nächste französische Präsident werden, dürfte gerade seitens Frankreichs die außenpolitische Kompassnadel wieder klarer und deutlicher in Richtung Deutschland zeigen. Die Schwierigkeit für den neuen französischen Präsidenten wird dabei in der derzeitigen ökonomischen Schieflage seines Landes liegen. Frankreich kann so lange keine Führungsrolle auf Augenhöhe mit Deutschland einnehmen, wie es wirtschaftlich noch dermaßen krankt. Dazu kommt ein latentes Misstrauen in der französischen Bevölkerung, die den Anspruch hat, ihre Regierung solle sich nichts und gar nichts von Deutschland vormachen lassen. Das Selbstbewusstsein der »Grande Nation« ist trotz wirtschaftlicher und politischer Schieflage nach wie vor sehr ausgeprägt.

Vor allem der Republikaner Fillon gilt im Kanzleramt als großer Hoffnungsträger, weil er viele Ideen der Regierung Merkel teilt und darüber hinaus als Pragmatiker gilt. Sehr viel stärker jedenfalls als beispielsweise der emotionale Nicolas Sarkozy. Auch deshalb wurde Fillon Ende Januar noch als Präsidentschaftskandidat von Merkel zum Mittagessen ins Kanzleramt geladen. Anschließend empfingen ihn Finanzminister Schäuble und Verteidigungsministerin von der Leyen. Schließlich durfte er, flankiert von Merkels Kanzleramtsminister Peter Altmaier, in der Konrad-Adenauer-Stiftung in einer halbstündigen Rede seine Vision von Europa skizzieren.

Diese Rede war ein Appell an sein Land und an Deutschland, endlich wieder selbstbewusst eine Führungsrolle in Europa (»un leadership politique en Europe«) einzunehmen. Dafür müsse und werde er aber sein Land reformieren und liberalisieren, um wirtschaftlich wieder auf Augenhöhe mit Deutschland zu kommen.

Fillon regte ein gesamteuropäisches Verteidigungsbündnis an, um jenseits der USA und eines unberechenbaren Donald Trump Europa militärisch unabhängig zu machen. Aber auch, um bei internationalen Krisen mitreden zu können. Nur so ließe sich verhindern, erneut wie im Syrienkrieg so taten- wie fassungslos zusehen zu müssen, wie die Dinge aus dem Ruder laufen. Fillons Wunsch ist in diesem Zusammenhang unter anderem auch, Europa möge sich seiner eigenen Rüstungsindustrie bedienen und nicht mehr in der ganzen Welt unabgestimmt Militärgüter einkaufen.

Darüber hinaus sprach er sich sowohl für eine Fiskalunion als auch für eine gemeinsame Asylpolitik aus und betonte dabei immer wieder die deutsch-französische Federführung. Auch wenn die Realität mit Frankreichs bedenklichem Zustand und einer hohen Arbeitslosigkeit derzeit nicht unbedingt das Beste hoffen lässt, so kann man doch eindeutig feststellen, dass mit Fillon als Präsident vieles auf ein Wiedererstarken der deutsch-französischen Achse hindeutet. So stand Peter Altmaier zum Schluss der Rede auf, trat selbst ans Mikrophon und sprach von einem brillanten Vortrag. Die Bundesregierung, so betonte der Kanzleramtsminister, teile 99 Prozent der Ansichten Fillons.

Fillon – Altmaier: Was von Deutschland und Frankreich zu erwarten ist. Zwei Interviews

Ich nutzte die Gelegenheit des Auftritts im Kanzleramt, um sowohl mit François Fillon als auch mit Peter Altmaier über Absichten und Pläne innerhalb der deutsch-französischen Achse zu sprechen.

Der in Deutschland nicht sehr bekannte Fillon war knapp fünf Jahre lang Sarkozys Premierminister. Ein ruhiger, besonnener Mann, höflich, den ich aber immer auch als leicht distanziert erlebt habe. Dieser Eindruck bestätigt sich auch an diesem Tag in Berlin und während unseres Gesprächs.

Er spricht eher leise. Sein Auftritt ist zurückhaltend. Eigenschaften, die Angela Merkel mag. Lautsprecher und egobesessene Politiker wie Sarkozy sind ihr persönlich zuwider. François Fillon gibt selten Interviews, selbst als Wahlkämpfer nicht. Er ist kein Charismatiker, der mit seiner Präsenz ganze Räume ausfüllen kann. Überhaupt ist sein Auftritt für einen französischen Politiker ungewöhnlich unspektakulär. Leicht distanziert, aber trotzdem sehr aufmerksam und interessiert, dabei immer freundlich. Smalltalk mag er nicht, sondern kommt direkt zur Sache. So gibt er schon in den ersten Minuten unseres Gesprächs klar zu verstehen, dass Europa nach seiner Ansicht wieder viel mehr Selbstbewusstsein entwickeln müsse und diesen Moment der Geschichte, in dem die Welt sich neu kalibriere, nicht verpassen dürfe. Um bei dieser Neuformierung eine gute Rolle zu spielen, müsse man viel aktiver handeln. Die Zügel in die Hand nehmen. Daraufhin spreche ich ihn auf seine Pläne für eine deutsch-französische Führungsrolle an.

Ist es realistisch, von einer gemeinsamen Führungsrolle zu sprechen, während Ihr Land noch so weit von der politischen und wirtschaftlichen Stabilität und Stärke Deutschlands entfernt ist?
Natürlich ist das realistisch. Frankreich hat ein Riesenpotenzial. Starke Marken, eine groß aufgestellte Rüstungsindustrie und gute Unternehmen, ein gutes Bildungssystem. Aber wir kranken an schwerfälligen und aufgeblasenen staatlichen Strukturen, mit denen wir uns selbst ausbremsen. Deshalb will ich dieses Land reformieren. Ich will ein liberaleres Frankreich. Mehr freien Markt. Wenn uns das gelingt und ich meine Pläne umsetzen kann, bin ich überzeugt, dass wir in spätestens zehn Jahren wirtschaftlich so stark sein können, wie es Deutschland heute ist.

Und das wäre die Basis, um Europa gemeinsam in eine neue Zukunft zu führen?
Indem wir unsererseits die notwendigen Veränderungen schnell und effizient herbeiführen, werden wir wieder ein Gleichgewicht in unserer deutsch-französischen Beziehung herstellen.

Dieses Gleichgewicht, gemeinsam auf Augenhöhe zu sein, das ist die Grundlage für eine erfolgreiche gemeinsame Führungsarbeit. Auf dieser Basis der gleichen Stärke möchte ich zusammen mit unserem Partner Deutschland und mit jenen, welche an unsere Werte und an unseren Kontinent glauben, ein neues Europa aufbauen.

Viele in Europa schauen besorgt auf Deutschlands neue wirtschaftliche und politische Stärke. Teilen Sie diese Sorgen und Ängste?
Es gehört auch in Frankreich im Moment zum guten Ton, sich beunruhigt zu zeigen über die wirtschaftliche Stärke Deutschlands. Aber das ist ein absolut falscher Reflex. Diese Stärke zeigt uns vielmehr auf, dass wir es in den letzten Jahren verpasst haben, uns fit zu machen für den Wettbewerb, und dass wir längst nötige Reformen verschleppt und nicht durchgeführt haben.

Sie sprachen in Ihrer Rede fast nur von der deutsch-französischen Achse und der gemeinsamen Führungsrolle. Welche Rolle sollen da die anderen 26 EU-Mitgliedsstaaten noch spielen?
Wenn ich von dieser Achse spreche, geht es überhaupt nicht darum, irgendjemanden auszuschließen. Letztlich werden die Entscheidungen von allen gemeinsam getroffen. Aber die Realität ist nun mal so, dass Deutschland und Frankreich die weitaus größten Volkswirtschaften Europas sind, dass wir traditionell gewachsen eine Art Motor für Europa sind, auch mit den meisten Einwohnern. Wenn diese beiden Großen ihr Potenzial vereinen und geschlossen mit starken Ideen vorangehen, dann ist das letztlich im Interesse aller in der EU.

Also betrachten Sie diese deutsch-französische Achse als unverzichtbar?
Ja, ich lege mich ganz klar fest, ich setzte voll und ganz auf diese deutsch-französische Partnerschaft. Es wäre illusorisch, unser Europa, unser europäisches Projekt ohne diese Achse Deutschland-Frankreich verändern zu wollen.
Merkels wichtigster Mann und Vertrauter im Kanzleramt, Peter Altmaier, verkündet seine Botschaften sonst lieber über Twitter. An diesem Abend jedoch machte ihm die Rede Fillons offenbar so gute Laune, dass er sich bereit zeigte, ein bisschen ausführlicher Einblick in die französisch-deutschen Pläne zu geben. Sein Wort ist von Bedeutung, weil er in allem, was er politisch sagt, immer im Sinne Merkels spricht. So war es an diesem Abend auch sein Ziel, im Auftrag der Kanzlerin die Botschaft von einer Stärkung der deutsch-französischen Beziehungen bewusst über die Mauern der Adenauer-Stiftung hinaustragen.

François Fillon hat heute von der zukünftigen deutsch-französischen Zusammenarbeit gesprochen, diese auch »Leadership in Europa« genannt. Glauben Sie, dass Sie bald gemeinsam diese Führungsaufgabe übernehmen werden?
Ich bin sehr froh, dass François Fillon sich deutlich zu Europa und auch zur deutsch-französischen Zusammenarbeit bekannt hat. Die Voraussetzung für unseren gemeinsamen Erfolg sind allerdings auch wirtschaftlicher Erfolg, Wettbewerbsfähigkeit, Arbeitsplätze, Wirtschaftswachstum. Und da hat François Fillon gute Ideen für die Reformen in Frankreich, die er umsetzen möchte. Als Christdemokrat wünsche ich natürlich seinen Erfolg. Die Bundesregierung arbeitet mit jeder französischen Regierung zusammen, genauso wie umgekehrt. Aber ich würde mir persönlich und als Christdemokrat sehr wünschen, dass François Fillon unser Partner für die nächsten fünf Jahre ist.

Teilen Sie denn diese Idee, dass Europa so eine »Leadership« braucht? Eine Führungsrolle von Frankreich und Deutschland?
Ich glaube, dass Europa eine Verantwortung hat, die weit über die EU-Grenzen hinausgeht. Deshalb haben wir ja auch in der Vergangenheit gute Beziehungen zwischen der EU und der Schweiz entwickelt. Ich habe 1991 als EU-Beamter mitverhandelt über den europäischen Wirtschaftsraum, den die Schweiz im Referendum dann abgelehnt hat. Aber seither haben sich unsere Beziehungen sehr verbessert, und das trägt dazu bei, dass sowohl das Gewicht der Schweiz als auch das Europas in der Welt gewachsen ist.

Je einiger wir in Europa in den grundlegenden Fragen der Weltpolitik sind, umso eher sind wir im Stande, die Entscheidungen, die getroffen werden, mit zu beeinflussen. Wir haben das in der Ukraine-Krise gezeigt, wo Frankreich und Deutschland gemeinsam mit der Ukraine und Russland im Normandie-Format einen Waffenstillstand erreicht haben. Und wir werden auch gefordert sein, wenn es darum geht, Fluchtursachen in Afrika, im Mittleren und im Nahen Osten zu bekämpfen, die Außengrenzen zu sichern und trotzdem unsere humanitären Grundwerte zu respektieren. All das sind Aufgaben, die kann kein einziges Land in Europa alleine bewältigen, und deshalb brauchen wir diese starke europäische Integration.

Eine starke Integration, vielleicht auch gewisse Reformen in Europa. Sehen Sie das auch so, wie es François Fillon heute angesprochen hat?
François Fillon hat eine ganze Reihe von Ideen präsentiert. Eine habe ich explizit unterstützt, nämlich die Frage einer stärkeren Harmonisierung der Unternehmenssteuern. Aber das muss zwischen den Regierungen besprochen werden, wenn sie auf beiden Seiten im Amt sind.

Wir haben Präsidentschaftswahlen in Frankreich und Bundestagswahlen in Deutschland. Ich bin überzeugt, dass wir uns, sobald sich der Ausgang dieser Wahlen abzeichnet, sehr schnell zusammensetzen und uns dann über die wesentlichen Reformvorschläge verständigen. Dass François Fillon seine Vorschläge jetzt präsentiert hat, ist ein wichtiger Beitrag zur öffentlichen Debatte in Frankreich.

Abschließend: Wie werden Sie zusammen mit Frankreich, wenn Sie diese Verantwortung in Europa übernehmen, auch die anderen Länder der EU mit einbeziehen?
Deutschland hat immer Wert darauf gelegt, dass wir mit allen unseren Nachbarn in Europa, ob sie groß oder klein sind, reich oder arm, ein gutes Verhältnis haben. Und dass die europäische Union zwar stark ist, aber nicht über die Köpfe anderer hinweg entscheidet. Dieses von gegenseitigem Respekt Getragene ist uns sehr wichtig, und ich glaube, dass auch Herr Fillon dafür sehr offen ist. Und deshalb schaue ich optimistisch in die Zukunft.

Deutschland in Europa – auf dass der Riese seine Angst ablege!

Meine Schlüsse aus Beobachtungen, Begegnungen, vertieften Gesprächen und die daraus in diesem Buch formulierten Thesen betrachte ich keinesfalls als Wahrheit, denn eine absolute Wahrheit gibt es in der Demokratie nicht. Aber es gibt Argumente, welche zur demokratischen Debatte beitragen. Als ein solches Argument sehe ich auch mein Buch. Es soll ein Denkanstoß sein, der gerade durch die Außenansicht des Schweizer Beobachters eine größtmögliche Distanz zum Gegenstand und damit Unabhängigkeit aufweist.

In den letzten Jahren bin ich oft durch Deutschland gereist. Und ich habe unendlich viele interessierte, offene, engagierte Bürgerinnen und Bürger aus allen Bereichen der deutschen Gesellschaft kennengelernt: Milchbauern, Getreideproduzenten, Senioren, Kommunalpolitiker, Bürgermeister, Minister, Fraktionschefs, Mediensprecher, Sekretärinnen, Konzernchefs, Ministerpräsidenten, Flüchtlinge, türkisch-deutsche Doppelbürger, Supermarktangestellte, Kassiererinnen, Berufsfischer, Hartz IV-Empfänger, Ärzte, Anwälte, Richter, Priester, Studenten. Jede Begegnung war eine Bereicherung.

Dieses Land mit seinen 82,8 Millionen Einwohnern, mit seiner Ordnung, seiner Disziplin und Zuverlässigkeit besitzt eine unvergleichliche Stärke. Es ist – auch, wenn es das nicht wahrhaben will – tatsächlich ein Riese, und dieser Riese ist stark. Dieser Riese, dieses Land mit seiner unvergleichlichen

Geschichte hat ein unglaubliches Potenzial, Europa auf seine Art und Weise zu prägen und es damit in eine bessere Zukunft zu führen.

In dieser Geschichte spiegelt sich einerseits eine Kraft und Energie, die auf eine diabolische Weise falsch geleitet und aus immer noch nicht ganz geklärten Gründen nicht aufgehalten wurde. Diese Energie hat Deutschland, Europa und die Welt in die allerdunkelsten und tiefsten Abgründe geführt, in welche Menschen politisch motiviert und ideologisch verblendet gelangen können.

Aber sie spiegelt auch jene Kraft und Energie, welche zwei Länder nach der friedlichen Revolution und dem Mauerfall zusammengeführt hat und welche das vereinte Deutschland vom Patienten Europas zur stärksten europäischen Wirtschaftsnation mit der niedrigsten Arbeitslosenquote und einem Milliardenüberschuss im Haushalt gemacht hat. Dieses Land hat es geschafft, aus eigener Kraft zu gesunden und sich zu reformieren. Millionen von Arbeitnehmern haben dafür geschuftet und viele Opfer gebracht.

Bei fast allen Menschen, mit denen ich gesprochen habe, war die Geschichte des Krieges und des »Dritten Reichs« irgendwann im Gespräch Thema. Von Jung bis Alt, von Rügen bis Bayern haben alle ein unvergleichliches Bewusstsein für diese Geschichte entwickelt, für ihre eigene, deutsche Geschichte, die in ihren Tiefen aber ganz besonders auch die Geschichte Europas ist.

Was bei den Gesprächen zu spüren war: Man hat es ihnen allen mit der Muttermilch eingegeben. Erst in den Familien, dann in den Schulen. An so vielen Tagen des Gedenkens und so vielen Orten des Nichtvergessens. Diese Geschichte tut weh, weil sie so unvergleichlich grauenvoll ist.

Ich wünsche mir, dass sich dieses Land seiner Geschichte weiterhin so bewusst bleibt. Und dass es den Kampf gegen das Vergessen weiter führt. Ich wünsche mir aber auch, dass es dabei nicht zum Zwerg wird und sich vor lauter Schuldgefühlen nur noch duckt und windet. Ich wünsche mir, dass es aus dieser Geschichte seine Lehren gezogen hat und weiter zieht und damit werte- und bewusstseinsgestärkt vorangehen kann. Dieses Bewusstsein ist so wertvoll, weil es mit all seiner Kraft und Stärke für Europa eingesetzt werden kann. Die Menschen haben durchaus gelernt, was ihnen Europa in den letzten siebzig Jahren garantiert hat: Frieden. Dass fünfhundert Millionen Menschen abends ihre Kinder ins Bett bringen können und ihnen ein Gute-Nacht Lied singen können, ohne Angst zu haben, dass Bomben fallen.

Eine ganz große Mehrheit der Menschen dieses Landes, mit Ausnahme von ein paar Unverbesserlichen, hat ein in Europa unvergleichliches Bewusstsein dafür entwickelt, wohin übersteuerter Nationalismus, Ausgrenzung, völkisches und ethnisches Denken führen können.

Ich wünsche mir, dass dieses Land und seine Bürger demokratisch wehrhaft bleiben gegen Kräfte aller Art, die antidemokratisch und antieuropäisch Bestehendes zerschlagen wollen. Und ich sage bewusst »demokratisch wehrhaft«. Das heißt nämlich, dass man sich mit den Gegnern auseinandersetzt. Mit Argumenten überzeugt und mit Argumenten Mehrheiten schafft, die schließlich auch zu mehr Akzeptanz in der überstimmten Minderheit führen.

Das Wahlergebnis und die Mehrheiten, die sich am 24. September abends abzeichnen, werden wegweisend für Deutschland sein, sie werden aber auch wegweisend sein für Europa.

So vieles ist heute unklar und unsicher in Europa und in der Welt. Unsicherer als in den Zeiten des Kalten Krieges. In dieser neuen Zeit darf nicht auch noch der Riese Deutschland taumeln und in einem Rausch der Veränderung, der von rechts kommt, die europäische Orientierung verlieren.

Ich wünsche mir für Deutschland, dass sich die zukünftige Regierung und mit ihr alle Parteien und die Menschen, welche diese wählen, der Verantwortung bewusst sind, die sie in dieser Zeit tragen. Und dass sie diese Verantwortung wahrnehmen.

Deutschland, der Riese, muss seine Ängstlichkeit ablegen und unter Einbezug aller kleinen und großen Staaten der EU vorangehen. Mit Ideen und Reformvorschlägen, um die EU zu verbessern und diese den Menschen in der gesamten Union wieder näherzubringen. Basierend auf seinem historischen Bewusstsein, aus dem sowohl ein großes Selbstbewusstsein gewachsen ist als auch eine enorme Entschlossenheit.

Der Riese ist reif für diese Führungsrolle. Er ist reif für den Erhalt der Friedens- und Werteunion Europa.

Dank

Danken möchte ich an dieser Stelle Carsten Tergast. Ohne sein Vertrauen und seine Mitarbeit hätte ich dieses Buch nie realisieren können. Ein besonderer Dank geht an Susanne Gelzenleuchter für ihre umsichtige Planung und für die Hilfe bei den Recherchen. An Peter Voegeli, Casper Selg, Christoph Reichmuth und Alexander Oetker für die stundenlangen Gespräche und Diskussionen über dieses wunderbare Land und dessen Politik. An meine Kameramänner Norbert, Erik und Arno, mit denen ich durch Deutschland reise, und die mir jeden Tag ihre ganz eigenen Bilder von diesem Land auf Band und in meinen Kopf zeichnen. Danke an meine französischen Kollegen Thomas Schnee und Christophe Bourdoiseau, welche mir immer wieder die französische Sicht der Dinge vor Augen führten. An die Mitarbeiter des Orell Füssli-Verlags, die geholfen haben, dass dieses Buch erscheinen konnte. Danke meinen Eltern, welche mir nebst allem anderen, was im Leben wichtig ist, das Interesse für Politik und für die großen Zusammenhänge in der Welt mit auf den Weg gegeben haben. Und schließlich meiner Familie, meiner Frau Elke und unseren gemeinsamen Kindern Giulio und Jana, welche mir durch ihre Flexibilität und Geduld die Möglichkeit geben, nicht nur den Blick auf andere Länder zu werfen, sondern diese Länder und Menschen dort auch zu erleben.